Petits **C**lassiques
LAROUSSE

Collection fondée par Félix Guirand,
Agrégé des Lettres

MOLIÈRE

Le Tartuffe

ou l'Imposteur

Comédie

Édition présentée,
annotée et commentée
par Françoise RULLIER-THEURET,
maître de conférences
à l'université Paris-IV Sorbonne

SOMMAIRE

Avant d'aborder l'œuvre

Le Tartuffe ou l'Imposteur
MOLIÈRE

Pour approfondir

AVANT D'ABORDER
L'ŒUVRE

Fiche d'identité de l'auteur

Molière

Nom : Jean-Baptiste Poquelin, dit Molière à partir de 1644.

Naissance : 1622. Baptisé à Saint-Eustache, à Paris, le 15 janvier 1622.

Famille : père "tapissier du roi". Sa mère meurt alors qu'il a dix ans.

Formation : études au collège de Clermont (actuel Louis-le-Grand). Licence en droit à Orléans.

Début de carrière : en 1643, rencontre Madeleine Béjart. Abandonne la situation bourgeoise que pourrait lui léguer son père. Fonde l'"Illustre-Théâtre" et devient auteur, comédien et directeur de troupe. Après la faillite de son théâtre, il doit quitter Paris. Mène une vie itinérante en province, en particulier dans le Languedoc (Pézenas) pendant quinze ans.

Premiers succès : arrive à la cour en 1658. Premier grand succès : *Les Précieuses ridicules* en 1659. Première grande comédie en vers : *L'École des femmes* (1662). Molière est célèbre mais doit affronter de violentes critiques. Se défend dans *La Critique de "l'École des Femmes"* et *L'Impromptu de Versailles* (1663).

Tournant de sa carrière : *Le Tartuffe* (1664), interdit à la représentation. *Dom Juan* (1665), pièce jugée subversive, supprimée après deux semaines. *Le Misanthrope* (1666), sa comédie la plus fine et la plus sombre. En 1669, après la chute des jansénistes, *Le Tartuffe ou l'Imposteur* est enfin autorisé. Vif succès.

Dernière partie de sa carrière : devient chef de la "Troupe du roi", chargé des divertissements royaux. Écrit des comédies-ballets : *Monsieur de Pourceaugnac* (1669) ; des comédies proches de la farce : *Les Fourberies de Scapin* (1671), *Les Femmes savantes* (1672), *Le Malade imaginaire* (1673).

Mort : le 17 février 1673. Funérailles chrétiennes, mais de nuit, le 21 février 1673.

JEAN BAPTISTE POCQVELIN DE MOLIERE

LE TARTUFFE

Peint a Paris le 17 Fevrier 1673

Pour reformer nos mœurs, pour regler notre vie
En vain ont travaillé les plus docles esprits
De cet Acteur fameux la fine raillerie
Nous en dit plus que leurs ecrits.

Portrait de Molière.
Gravure de Nicolas Habert.

Repères chronologiques

Vie et œuvre de Molière	Événements politiques et culturels
1622 Naissance de Jean Poquelin, prénom modifié en Jean-Baptiste.	**1621** Naissance de La Fontaine.
1632 Mort de sa mère.	**1623** Naissance de Pascal.
1632-1642 Études chez les jésuites du collège de Clermont, puis études de droit.	**1627** Naissance de Bossuet.
	1636 Naissance de Boileau.
1643 **Fonde l'Illustre-Théâtre avec Madeleine Béjart.**	**1637** *Le Cid* de Corneille.
1645 Prison pour dettes. Disparition de l'Illustre-Théâtre.	**1639** Naissance de Racine.
1646-1653 Théâtre ambulant en province.	**1642** Condamnation par le pape de l'*Augustinus* de Jansénius, base du jansénisme.
1653-1654 Protégé par le prince de Conti.	**1643** Mort de Louis XIII. Début de la Régence.
1654 Première farce : *L'Étourdi*.	**1645** Naissance de La Bruyère.
1656 *Le Dépit amoureux*.	**1647-1653** **La Fronde.**
1657 Perd la protection du prince de Conti, converti à l'austérité religieuse.	**1654** Sacre de Louis XIV, qui ne gouverne pas encore lui-même. Premier ministre : Mazarin.
1658-1659 Arrivée à Paris, installé salle du Petit-Bourbon. *Les Précieuses ridicules*.	**1656-1657** *Les Provinciales* de Pascal.
1660 **Installé salle du Palais-Royal grâce au roi.**	**1661** Mort de Mazarin. Début du règne personnel de Louis XIV, roi absolu.

Repères chronologiques

Vie et œuvre de Molière	Événements politiques et culturels
1661 Mariage avec Armande Béjart (fille ou jeune sœur de Madeleine). *L'École des femmes.* **1663-1669** Lutte contre la cabale des dévots qui fait interdire *Le Tartuffe* puis fait disparaître de l'affiche *Dom Juan.* **1666** Obtient le statut de « Troupe du roi ». *Le Misanthrope. Le Médecin malgré lui.* **1668** *Amphytrion.* **1669** ***Le Tartuffe* enfin autorisé.** **1670** *Le Bourgeois gentilhomme.* **1671** *Les Fourberies de Scapin.* **1672** *Les Femmes savantes.* **1673** ***Le Malade imaginaire.* Mort de Molière, le 17 févier. Enterrement de Molière, le 21 février.**	**1664** Procès de Fouquet. *Maximes* de La Rochefoucauld. Persécutions contre les jansénistes de Port-Royal. **1667** *Andromaque* de Racine. **1668** *Fables* de La Fontaine (premiers livres). **1669** *Britannicus* de Racine. **1670** *Les Pensées* de Pascal. *Bérénice* de Racine. *Tite et Bérénice* de Corneille. **1671** Installation de la cour à Versailles. *Bajazet* de Racine. **1673** *Mithridate* de Racine. **1680** Fondation de la Comédie-Française. **1685** **Révocation de l'édit de Nantes.** **1715** **Mort de Louis XIV.**

Fiche d'identité de l'œuvre

Le Tartuffe ou l'Imposteur

Genre : théâtre, comédie.

Auteur : Molière, 1669.

Objets d'étude : comique
et comédie ;
le théâtre : texte
et représentation ;
le classisme.

Registres : comique
et satirique.

Structure : cinq actes.

Forme : dialogue
en alexandrins.

Principaux personnages :
Orgon, Elmire, Damis,
Mariane, Valère,
Cléante, Tartuffe.

Sujet : Orgon a charitablement recueilli Tartuffe
chez lui. La famille est divisée au sujet
de ce soi-disant dévot (acte I). Orgon, aveuglé,
veut marier sa fille Mariane à Tartuffe alors que
celle-ci est déjà promise à Valère. Valère
et la servante Dorine décident d'aider Mariane
à faire échouer ce projet (acte II). Première
apparition de Tartuffe. Il déclare son amour
à Elmire, l'épouse d'Orgon. Celui-ci fait
de Tartuffe son héritier à la place de son fils
qu'il chasse (acte III). Elmire intervient pour
démasquer Tartuffe. Elle cache Orgon sous
une table pendant que Tartuffe expose ses projets
sans équivoque. Orgon a enfin compris à qui il a
affaire, il sort de sa cachette et chasse aussitôt
Tartuffe. Mais celui-ci répond par des menaces
(acte IV). Tartuffe vient prendre possession
des biens de la famille. Il détient aussi des documents
compromettants : il va dénoncer Orgon au roi.
Orgon s'apprête à s'enfuir quand Tartuffe revient
accompagné d'un officier de police. Mais celui-
ci, contre toute attente, arrête Tartuffe sur
ordre du roi "ennemi de la fraude" (acte V).

Représentations de la pièce : première version en trois
actes, *Tartuffe ou l'Hypocrite*, représentée
le 12 mai 1664. Les dévots font interdire
les représentations. Deuxième version, *Panulphe ou
l'Imposteur*, jouée le 5 août 1667. Interdite dès
le lendemain. Version définitive, *Tartuffe ou
l'Imposteur*, représentée à partir du 5 février 1669.
Grand succès. 77 représentations du vivant de Molière.

L'IMPOSTEUR

Frontispice du *Tartuffe*.

L'œuvre dans son siècle

Molière, auteur comique à un tournant de sa carrière

Entre 1663 et 1669, période pendant laquelle se déroule « la bataille de *Tartuffe* », Molière est déjà un auteur de tout premier plan. *L'École des femmes* (1662) a suscité de vigoureuses critiques pour des raisons artistiques et morales. Ses adversaires n'hésitaient pas à l'accuser d'immoralité et même d'impiété. Mais tout cela ne débouchait encore que sur une polémique littéraire. Il avait suffi que Molière se défende dans *la Critique de L'École des femmes*, et dans *L'Impromptu de Versailles*.

À partir de la première version de *Tartuffe*, il devient un auteur interdit (27 avril 1664), donc scandaleux, donc très célèbre. D'autant plus qu'il semble provoquer à plaisir les attaques pour impiété. Après *L'École des femmes*, trois versions de *Tartuffe* se succèdent, ainsi que *Dom Juan*, peu fait pour apaiser les esprits puisque son héros est un grand seigneur qui ne respecte rien, ni le mariage, ni l'autorité de son père, ni la religion. « L'affaire *Tartuffe* » devient une véritable affaire d'État où le roi en personne devra intervenir. Molière est désormais un auteur qui dérange beaucoup de monde, à commencer par la Compagnie du Saint-Sacrement.

La cabale des dévots

À partir de 1640, la Contre-Réforme (courant dans l'Église qui cherche à lutter contre l'Église protestante autorisée par Henri IV avec l'édit de Nantes) s'appuie sur de nombreuses organisations (on en compte une cinquantaine) dont la plus célèbre est la Compagnie du Saint-Sacrement. Ces associations officiellement religieuses et charitables sont en réalité de véritables sociétés secrètes qui forment un réseau à travers tout le royaume. Elles s'emploient à monter des cabales, c'est-à-dire des intrigues, afin d'influencer les affaires de l'État. Elles s'introduisent aussi dans les familles de la bourgeoisie par l'intermédiaire de directeurs de conscience qui dispensent leurs conseils au sujet des mariages et des testaments. La Compagnie du Saint-Sacrement et ses semblables utilisent donc la religion à des fins machiavéliques et se font fort de censurer la vie luxueuse et culturellement avancée de la Cour.

OR LOUIS XIV, qui est jeune, qui n'est pas encore devenu lui-même dévot comme ce sera le cas à la fin de sa vie, et dont le pouvoir absolu est encore récent, ne peut tolérer ce foyer d'opposition « réactionnaire ». Il finit par interdire la Compagnie du Saint-Sacrement. Parallèlement, les persécutions contre Port-Royal en 1664 mettent fin à la querelle des jansénistes dont l'austérité et l'intransigeance religieuse représentaient, elles aussi, une contestation du pouvoir personnel du roi. Et en 1668, un accord appelé « Paix de l'Église » est signé et marque la fin (provisoire) de l'intolérance religieuse. Molière peut enfin jouer *Tartuffe*.

Les trois versions de Tartuffe

LA PREMIÈRE VERSION, en trois actes, s'intitulait *Tartuffe ou l'Hypocrite*. La satire y était particulièrement hardie : Molière n'avait pas hésité à faire du personnage de Tartuffe un homme d'Église (sans toutefois qu'il soit prêtre, puisqu'il doit épouser la fille d'Orgon). Le 27 avril 1664, la Compagnie du Saint-Sacrement décida de faire interdire la pièce, de peur que la peinture de la fausse dévotion ne fasse douter de la vraie. Mais elle ne put empêcher qu'elle soit jouée une fois, en présence du roi – qui n'y trouva rien à redire –, le 12 mai 1664, à Versailles, lors des fêtes appelées « Plaisirs de l'île enchantée ». Peu après, l'archevêque de Paris en personne intervient et Molière ne peut ni jouer sa pièce, ni même la faire imprimer. Un certain Pierre Roullé va jusqu'à écrire que Molière est « un démon vêtu de chair et habillé en homme » et qu'il mérite « un supplice exemplaire et public ». Molière adresse au roi un premier placet (1664), c'est-à-dire une demande écrite sollicitant une grâce. La pièce reste interdite mais Molière conserve la faveur du roi. Le manuscrit de cette première version a été perdu ; nous n'en connaissons que quelques comptes rendus.

MOLIÈRE remanie alors sa comédie qui devient *Panulphe ou l'Imposteur*. Elle est jouée le 5 août 1667. Dès le lendemain, Guillaume de Lamoignon, premier président du Parlement de Paris (c'est-à-dire, sous l'Ancien Régime, la Chambre de justice royale) et membre de la Compagnie du Saint-Sacrement, la fait interdire. (Le roi était alors en Flandre.) Le président Lamoignon interdit à tout chrétien (et donc au roi lui-même) d'assister à la représentation de cette œuvre impie, de la lire et même de se la faire lire... sous peine d'excommunication. Molière rédige alors un deuxième placet au roi où il insiste sur les « adoucissements » qu'il a introduits par rapport à la première version. Tartuffe y est en effet un pur laïc, sans lien avec l'Église.

UN AN PLUS TARD, le parti des dévots ayant perdu de son influence, le public peut enfin assister à une troisième version, intitulée cette fois *Le Tartuffe ou l'Imposteur* (1669) et qui reste pour l'essentiel proche du *Panulphe* de 1667. À partir du 5 février 1669, *Tartuffe* est joué sans interruption. L'auteur en remercie Louis XIV dans un troisième placet. Le succès est triomphal. Le jour de la première, la recette est la plus importante jamais encaissée par la troupe de Molière.

Une comédie de caractère

LES TRIBULATIONS politico-religieuses de la pièce ne doivent cependant pas nous faire oublier qu'elle est d'abord une comédie au sens classique du terme, une comédie de caractère dont le but avoué est de montrer certains défauts de la société contemporaine. Le nom « Tartuffe » n'est pas indifférent. Il est apparenté à l'italien *tartufo* qui signifie « truffe », champignon parasite des racines du chêne. Dans la langue du xvie siècle, il existait le mot *truffe* avec le sens de « tromperie » et un verbe *trupher*, employé par Rabelais, dans le sens de « se moquer de ».

L'œuvre dans son siècle

TARTUFFE est donc un hypocrite qui trompe Orgon et – surtout aux yeux de la Compagnie du Saint-Sacrement – se moque de la religion. Tout lui est bon pour construire son personnage de faux dévot : l'ascétisme intransigeant des jansénistes (III, 2, v. 860-862) ; la casuistique des jésuites (IV, 5, v. 1484-1486) ; les œuvres charitables de la Compagnie du Saint-Sacrement (III, 2, v. 855-856). Il a su attirer la compassion d'Orgon par une version burlesque de l'*Imitation de Jésus* (I, 5, v. 283-298). En réalité, il apparaît comme l'incarnation des péchés capitaux. Quelques-uns d'entre eux sont particulièrement mis en relief : la gourmandise (I, 4, v. 238-240) ; la luxure (III, 3 et IV, 5) ; l'avarice et l'envie (IV, 7, v. 1558). Il utilise la religion à des fins purement matérielles.

LE PERSONNAGE DE TARTUFFE est évidemment inconcevable sans sa dupe, Orgon. Celui-ci vient enrichir la galerie des monomaniaques égoïstes et autoritaires typiques du répertoire moliéresque. Orgon n'est pas un « honnête homme » car il perd le sens commun, le sens de la mesure. En recueillant Tartuffe, il croit se procurer en quelque sorte une « assurance tous risques » pour le paradis, à quoi il sacrifie toute sa famille, à commencer par sa fille. Orgon prend un saint homme pour gendre comme le malade imaginaire en voudra un qui soit médecin. C'est sa sécurité à lui, et seulement à lui, qu'il vise en échafaudant ce projet. Dorine, lucide, le dit en peu de mots : « Et que si son Tartuffe est pour lui si charmant, / Il le peut épouser sans nul empêchement. » (II, 3, v. 595-596).

Lire l'œuvre aujourd'hui

Qu'est-ce qui, dans *Tartuffe*, peut encore séduire en ce début de xxıᵉ siècle ? On dit *un tartuffe*, *une tartufferie* mais que le nom propre soit devenu nom commun – une « antonomase » – tant le personnage est exemplaire ne prouve pas que la pièce avec son intrigue complexe trouve encore un écho dans le public des théâtres d'aujourd'hui. L'hypocrisie et l'imposture sont certes des travers qui ont cours à toutes les époques, mais l'imposture de Tartuffe est d'un type bien particulier, et cela est de la toute première importance : c'est une imposture religieuse à conséquences sociales. Ce sujet a provoqué beaucoup de remous au temps de Louis XIV. Qu'en est-il aujourd'hui ?

La question religieuse

Au xxᵉ siècle, époque de déchristianisation rapide et profonde, on a eu parfois tendance à lire *Tartuffe* d'une manière outrageusement simplificatrice : sous prétexte que Molière dénonce la fausse dévotion, l'on fait de *Tartuffe* une pièce anti-chrétienne. Les enseignants et les critiques ont dû rappeler régulièrement que Tartuffe est un imposteur et qu'il faut se garder des assimilations hâtives. Aujourd'hui que la question religieuse redevient brûlante un peu partout dans le monde, la distinction entre dévotion sincère et dévotion dévoyée à des fins inavouables est à nouveau d'actualité. Des rapprochements, parfois pesamment soulignés, n'ont pas manqué d'être faits entre les agissements de Tartuffe et ceux de certaines sectes ou de certains extrémistes religieux qui visent des buts autres que spirituels.

Tartuffe pose la question de savoir si, sous prétexte de ne pas manquer de respect à la piété sincère, on doit aussi se taire sur l'utilisation frauduleuse de la religion. Les mésaventures de cette pièce font aussi réfléchir sur la liberté de critiquer qui, de nos jours, est loin d'être une évidence pour tout le monde, du fait de régimes politiques comme de groupes de pression ultra-actifs. On est, en effet, frappé par l'atmosphère totalitaire qui règne tout au long de la pièce.

Lire l'œuvre aujourd'hui

Tartuffe, comédie du totalitarisme ?

Dès la première scène de la pièce, Mme Pernelle développe un programme réactionnaire particulièrement rigide. Quand Orgon apparaît peu après, c'est pour abonder dans son sens. La famille se trouve sous la coupe d'une troïka étouffante : Mme Pernelle, la grand-mère ; Orgon, le *pater familias* ; Tartuffe, le directeur de conscience. Comme dans les régimes totalitaires, tout, jusqu'à la vie privée, et même les sentiments les plus intimes, est sous le coup de l'idéologie. Ainsi, sous le toit d'Orgon, tout devient sournois : on se cache pour parler (IV, 5, v. 1389-1390), on se cache pour écouter (III, 4 et IV, 4). Cela provoque le bouleversement général de la famille : dislocation des rapports humains normaux, surexcitation des esprits, déshumanisation de la religion, répression des émotions naturelles comme la tendresse et l'amour.

Ce qui règne chez Orgon, c'est la terreur religieuse, omniprésente, et surtout toute-puissante jusqu'à la dernière scène. Tout espoir de mener une vie normale, où l'on peut rester soi-même sans être obligé de se couler dans un moule rigide, semble à jamais impossible. Tartuffe fait penser à un virus qui s'est introduit dans la famille et la détruit inexorablement. *Tartuffe* est une comédie qui pourrait porter en sous-titre *La machine infernale* car c'est une comédie qui prend des allures de cauchemar.

Tartuffe *fait-il rire le public contemporain ?*

Les critiques le répètent, *Tartuffe* est une œuvre comique qui doit faire rire parce que Molière l'a conçue ainsi. Pour preuve les procédés comiques nombreux et variés qui sont mis à contribution. Pourtant, force est de constater que le rire que soulève (éventuellement) *Tartuffe* n'est pas de la même nature que celui que suscite *Le Bourgeois gentilhomme*. Quand M. Jourdain prend une leçon d'escrime, on rit franchement. Quand Tartuffe pose sa main sur le genou d'Elmire, disons que l'on rit « quand même » car l'aspect inquiétant de Tartuffe l'emporte sur le rire. La tradi-

Lire l'œuvre aujourd'hui

tion classique veut que l'honnête homme rie de celui qui se montre extravagant : ce rire aurait un effet cathartique. Peut-être est-ce le cas avec Orgon. En ce qui concerne Tartuffe, l'honnête homme est plutôt révulsé. Si catharsis il y a, elle est produite par l'horreur.

La mise en scène de Jacques Lassalle au Théâtre national de Strasbourg, dont Gérard Depardieu a tiré un film où il tient le rôle de Tartuffe, est exemplaire en ce sens. Elle constitue certes une trahison puisque tous les passages comiques susceptibles de faire sourire le spectateur sont systématiquement neutralisés par le ton glacial sur lequel ils sont dits, mais l'effet produit est saisissant. Tartuffe fait peur. Et s'il fait peur, ce n'est pas grâce à un ingrédient que le metteur en scène aurait ajouté, une transposition par exemple. Il fait peur parce que le personnage tel qu'il est dans le texte de Molière a réellement quelque chose de terrifiant.

LE
TARTVFFE,
OV
L'IMPOSTEVR,
COMEDIE.
PAR I. B. P. DE MOLIERE.

Imprimé aux deſpens de l'Autheur & ſe vend
A PARIS,
Chez IEAN RIBOV, au Palais, vis-à-vis
la Porte de l'Egliſe de la Sainte Chapelle,
à l'Image S. Loüis.

M. DC. LXIX.
AVEC PRIVILEGE DV ROY.

Couverture du *Tartuffe*.

Affiche de Michel Rossignon pour *Le Tartuffe*, mis en scène
par Roger Planchon au TNP de Villeurbanne, 1973.

MOLIÈRE

Le Tartuffe

ou l'Imposteur

*Comédie, représentée
pour la première fois
dans sa version définitive
le 5 février 1669*

Préface

Voici une comédie dont on a fait beaucoup de bruit, qui a été longtemps persécutée ; et les gens qu'elle joue ont bien fait voir qu'ils étaient plus puissants en France que tous ceux que j'ai joués jusques ici. Les marquis, les précieuses, les cocus et les médecins ont souffert doucement[1] qu'on les ait représentés, et ils ont fait semblant de se divertir, avec tout le monde, des peintures que l'on a faites d'eux ; mais les hypocrites n'ont point entendu raillerie[2] ; ils se sont effarouchés d'abord, et ont trouvé étrange que j'eusse la hardiesse de jouer leurs grimaces et de vouloir décrier un métier dont tant d'honnêtes gens se mêlent. C'est un crime qu'ils ne sauraient me pardonner ; et ils se sont tous armés contre ma comédie avec une fureur épouvantable. Ils n'ont eu garde de l'attaquer par le côté qui les a blessés : ils sont trop politiques pour cela, et savent trop bien vivre pour découvrir le fond de leur âme. Suivant leur louable coutume, ils ont couvert leurs intérêts de la cause de Dieu ; et *Le Tartuffe*, dans leur bouche, est une pièce qui offense la piété. Elle est, d'un bout à l'autre, pleine d'abominations, et l'on n'y trouve rien qui ne mérite le feu. Toutes les syllabes en sont impies ; les gestes même y sont criminels ; et le moindre coup d'œil, le moindre branlement de tête, le moindre pas à droite ou à gauche y cache des mystères qu'ils trouvent moyen d'expliquer à mon désavantage. J'ai eu beau la soumettre aux lumières de mes amis, et à la censure de tout le monde, les corrections que j'y ai pu faire, le jugement du roi et de la reine, qui l'ont vue, l'approbation des grands princes et de messieurs les ministres, qui l'ont honorée publiquement de leur présence, le témoignage des gens de bien, qui l'ont trouvée profitable, tout cela n'a de rien servi. Ils n'en veulent point démordre ; et, tous les jours

---

1. **Doucement :** patiemment.
2. **Entendu raillerie :** admis la plaisanterie.

encore, ils font crier en public des zélés indiscrets, qui me disent des injures pieusement, et me damnent par charité.

Je me soucierais fort peu de tout ce qu'ils peuvent dire, n'était l'artifice qu'ils ont de me faire des ennemis que je respecte, et de jeter dans leur parti de véritables gens de bien, dont ils préviennent[1] la bonne foi, et qui, par la chaleur qu'ils ont pour les intérêts du ciel, sont faciles à recevoir les impressions qu'on veut leur donner. Voilà ce qui m'oblige à me défendre. C'est aux vrais dévots que je veux partout me justifier sur la conduite de ma comédie ; et je les conjure, de tout mon cœur, de ne point condamner les choses avant que de les voir, de se défaire de toute prévention, et de ne point servir la passion de ceux dont les grimaces les déshonorent.

Si l'on prend la peine d'examiner de bonne foi ma comédie, on verra sans doute que mes intentions y sont partout innocentes, et qu'elle ne tend nullement à jouer les choses que l'on doit révérer ; que je l'ai traitée avec toutes les précautions que me demandait la délicatesse de la matière et que j'ai mis tout l'art et tous les soins qu'il m'a été possible pour bien distinguer le personnage de l'hypocrite d'avec celui du vrai dévot. J'ai employé pour cela deux actes entiers à préparer la venue de mon scélérat. Il ne tient pas un seul moment l'auditeur en balance[2], on le connaît d'abord aux marques que je lui donne ; et, d'un bout à l'autre, il ne dit pas un mot, il ne fait pas une action, qui ne peigne aux spectateurs le caractère d'un méchant homme, et ne fasse éclater celui du véritable homme de bien que je lui oppose.

Je sais bien que, pour réponse, ces messieurs tâchent d'insinuer que ce n'est point au théâtre à parler de ces matières ; mais je leur demande, avec leur permission, sur quoi ils fondent cette belle maxime. C'est une proposition

---

1. **Préviennent :** trompent.
2. **En balance :** hésitant.

qu'ils ne font que supposer, et qu'ils ne prouvent en aucune façon ; et, sans doute, il ne serait pas difficile de leur faire voir que la comédie, chez les anciens, a pris son origine de la religion, et faisait partie de leurs mystères ; que les Espagnols, nos voisins, ne célèbrent guère de fête où la comédie ne soit mêlée, et que même, parmi nous, elle doit sa naissance aux soins d'une confrérie[1] à qui appartient encore aujourd'hui l'Hôtel de Bourgogne ; que c'est un lieu qui fut donné pour y représenter les plus importants mystères de notre foi ; qu'on en voit encore des comédies imprimées en lettres gothiques, sous le nom d'un docteur de Sorbonne et, sans aller chercher si loin, que l'on a joué, de notre temps, des pièces saintes de M. de Corneille[2], qui ont été l'admiration de toute la France.

Si l'emploi de la comédie est de corriger les vices des hommes, je ne vois pas par quelle raison il y en aura de privilégiés. Celui-ci est, dans l'État, d'une conséquence bien plus dangereuse que tous les autres ; et nous avons vu que le théâtre a une grande vertu pour la correction. Les plus beaux traits d'une sérieuse morale sont moins puissants, le plus souvent, que ceux de la satire ; et rien ne reprend mieux la plupart des hommes que la peinture de leurs défauts. C'est une grande atteinte aux vices que de les exposer à la risée de tout le monde. On souffre[3] aisément des répréhensions ; mais on ne souffre point la raillerie. On veut bien être méchant, mais on ne veut point être ridicule.

On me reproche d'avoir mis des termes de piété dans la bouche de mon Imposteur. Et pouvais-je m'en empêcher, pour bien représenter le caractère d'un hypocrite ? Il suffit, ce me semble, que je fasse connaître les motifs criminels qui lui font dire les choses, et que j'en aie retranché les termes consacrés, dont on aurait eu peine à lui entendre

---

1. **Confrérie :** la confrérie de la Passion.
2. **Pièces... de Corneille :** *Polyeucte martyr, Théodore, vierge et martyre.*
3. **Souffre :** tolère.

faire un mauvais usage. Mais il débite au quatrième acte une morale pernicieuse. Mais cette morale est-elle quelque chose dont tout le monde n'eût les oreilles rebattues ? Dit-elle rien de nouveau dans ma comédie ? Et peut-on craindre que des choses si généralement détestées fassent quelque impression dans les esprits ; que je les rende dangereuses en les faisant monter sur le théâtre ; qu'elles reçoivent quelque autorité de la bouche d'un scélérat ? Il n'y a nulle apparence à cela ; et l'on doit approuver la comédie du *Tartuffe*, ou condamner généralement toutes les comédies.

C'est à quoi l'on s'attache furieusement depuis un temps, et jamais on ne s'était si fort déchaîné contre le théâtre[1]. Je ne puis pas nier qu'il n'y ait eu des Pères de l'Église qui ont condamné la comédie ; mais on ne peut pas me nier aussi qu'il n'y en ait eu quelques-uns qui l'ont traitée un peu plus doucement. Ainsi l'autorité dont on prétend appuyer la censure est détruite par ce partage ; et toute la conséquence qu'on peut tirer de cette diversité d'opinions en des esprits éclairés des mêmes lumières, c'est qu'ils ont pris la comédie différemment, et que les uns l'ont considérée dans sa pureté, lorsque les autres l'ont regardée dans sa corruption, et confondue avec tous ces vilains spectacles qu'on a eu raison de nommer des spectacles de turpitude[2].

Et, en effet, puisqu'on doit discourir des choses et non pas des mots, et que la plupart des contrariétés viennent de ne se pas entendre et d'envelopper dans un même mot des choses opposées, il ne faut qu'ôter le voile de l'équivoque, et regarder ce qu'est la comédie en soi, pour voir si elle est condamnable. On connaîtra sans doute que, n'étant autre chose qu'un poème ingénieux, qui, par des leçons agréables,

---

1. **Contre le théâtre :** le théâtre était attaqué à la fois par des ecclésiastiques (Bossuet, Bourdaloue) et par les jansénistes (Nicole).
2. **Spectacles de turpitude :** expression de saint Augustin, désignant les jeux du cirque et les pantomimes licencieuses de Rome.

reprend les défauts des hommes, on ne saurait la censurer sans injustice ; et, si nous voulons ouïr là-dessus le témoignage de l'antiquité, elle nous dira que ses plus célèbres philosophes ont donné des louanges à la comédie, eux qui faisaient profession d'une sagesse si austère, et qui criaient sans cesse après les vices de leur siècle ; elle nous fera voir qu'Aristote[1] a consacré des veilles au théâtre, et s'est donné le soin de réduire en préceptes l'art de faire des comédies ; elle nous apprendra que de ses plus grands hommes, et des premiers en dignité, ont fait gloire d'en composer eux-mêmes, qu'il y en a eu d'autres qui n'ont pas dédaigné de réciter en public celles qu'ils avaient composées, que la Grèce a fait pour cet art éclater son estime par les prix glorieux et par les superbes théâtres dont elle a voulu l'honorer, et que, dans Rome enfin, ce même art a reçu aussi des honneurs extraordinaires : je ne dis pas dans Rome débauchée, et sous la licence des empereurs, mais dans Rome disciplinée, sous la sagesse des consuls, et dans le temps de la vigueur de la vertu romaine.

J'avoue qu'il y a eu des temps où la comédie s'est corrompue. Et qu'est-ce que dans le monde on ne corrompt point tous les jours ? Il n'y a chose si innocente où les hommes ne puissent porter du crime, point d'art si salutaire dont ils ne soient capables de renverser les intentions, rien de si bon en soi qu'ils ne puissent tourner à de mauvais usages. La médecine est un art profitable, et chacun la révère comme une des plus excellentes choses que nous ayons ; et cependant il y a eu des temps où elle s'est rendue odieuse, et souvent on en a fait un art d'empoisonner les hommes. La philosophie est un présent du Ciel ; elle nous a été donnée pour porter nos esprits à la connaissance d'un Dieu par la contemplation des merveilles de la nature ; et pourtant on n'ignore pas que souvent on l'a détournée de son emploi, et qu'on l'a occupée publiquement à soutenir l'impiété. Les

---

1. **Aristote :** dans sa *Poétique*.

choses même les plus saintes ne sont point à couvert de la corruption des hommes ; et nous voyons des scélérats qui, tous les jours, abusent de la piété, et la font servir méchamment aux crimes les plus grands. Mais on ne laisse pas pour cela de faire les distinctions qu'il est besoin de faire. On n'enveloppe point dans une fausse conséquence la bonté des choses que l'on corrompt, avec la malice des corrupteurs. On sépare toujours le mauvais usage d'avec l'intention de l'art ; et comme on ne s'avise point de défendre[1] la médecine pour avoir été bannie de Rome[2], ni la philosophie pour avoir été condamnée publiquement dans Athènes[3], on ne doit point aussi vouloir interdire la comédie pour avoir été censurée en de certains temps. Cette censure a eu ses raisons, qui ne subsistent point ici. Elle s'est renfermée dans ce qu'elle a pu voir ; et nous ne devons point la tirer des bornes qu'elle s'est données, l'étendre plus loin qu'il ne faut, et lui faire embrasser l'innocent avec le coupable. La comédie qu'elle a eu dessein d'attaquer n'est point du tout la comédie que nous voulons défendre. Il se faut bien garder de confondre celle-là avec celle-ci. Ce sont deux personnes de qui les mœurs sont tout à fait opposées. Elles n'ont aucun rapport l'une avec l'autre que la ressemblance du nom ; et ce serait une injustice épouvantable que de vouloir condamner Olympe, qui est femme de bien, parce qu'il y a eu une Olympe qui a été une débauchée. De semblables arrêts, sans doute, feraient un grand désordre dans le monde. Il n'y aurait rien par là qui ne fût condamné ; et, puisque l'on ne garde point cette rigueur à tant de choses dont on abuse tous les jours, on doit bien faire la même grâce à la comédie, et approuver les pièces de théâtre où l'on verra régner l'instruction et l'honnêteté.

---

1. **Défendre :** interdire.
2. **Bannie de Rome :** les Romains expulsant les Grecs d'Italie chassèrent, par le même décret, les médecins (selon Pline l'Ancien).
3. **Athènes :** allusion à la condamnation de Socrate.

Je sais qu'il y a des esprits dont la délicatesse ne peut souffrir aucune comédie, qui disent que les plus honnêtes sont les plus dangereuses ; que les passions que l'on y dépeint sont d'autant plus touchantes qu'elles sont pleines de vertu, et que les âmes sont attendries par ces sortes de représentations. Je ne vois pas quel grand crime c'est que de s'attendrir à la vue d'une passion honnête ; et c'est un haut étage de vertu que cette pleine insensibilité où ils veulent faire monter notre âme. Je doute qu'une si grande perfection soit dans les forces de la nature humaine ; et je ne sais s'il n'est pas mieux de travailler à rectifier et adoucir les passions des hommes, que de vouloir les retrancher entièrement. J'avoue qu'il y a des lieux qu'il vaut mieux fréquenter que le théâtre ; et, si l'on veut blâmer toutes les choses qui ne regardent pas directement Dieu et notre salut, il est certain que la comédie en doit être, et je ne trouve point mauvais qu'elle soit condamnée avec le reste. Mais, supposé, comme il est vrai, que les exercices de la piété souffrent des intervalles et que les hommes aient besoin de divertissement, je soutiens qu'on ne leur en peut trouver un qui soit plus innocent que la comédie. Je me suis étendu trop loin. Finissons par un mot d'un grand prince[1] sur la comédie du *Tartuffe*.

Huit jours après qu'elle eut été défendue, on représenta devant la Cour une pièce intitulée *Scaramouche ermite*, et le roi, en sortant, dit au grand prince que je veux dire : « Je voudrais bien savoir pourquoi les gens qui se scandalisent si fort de la comédie de Molière ne disent mot de celle de *Scaramouche* » ; à quoi le prince répondit : « La raison de cela, c'est que la comédie de *Scaramouche* joue le ciel et la religion, dont ces messieurs-là ne se soucient point ; mais celle de Molière les joue eux-mêmes ; c'est ce qu'ils ne peuvent souffrir. »

---

1. **Prince :** le Grand Condé.

Placets[1] au roi

Comme les moindres choses qui partent de la plume de M. de Molière ont des beautés que les plus délicats ne se peuvent lasser d'admirer, j'ai cru ne devoir pas négliger l'occasion de vous faire part de ces placets, et qu'il était à propos de les joindre au Tartuffe, *puisque partout il y est parlé de cette incomparable pièce.*

Le libraire[2] au lecteur.

Premier placet[3] présenté au roi sur la comédie du *Tartuffe*

Sire,

Le devoir de la comédie étant de corriger les hommes en les divertissant, j'ai cru que, dans l'emploi où je me trouve, je n'avais rien de mieux à faire que d'attaquer par des peintures ridicules les vices de mon siècle ; et, comme l'hypocrisie, sans doute, en est un des plus en usage, des plus incommodes et des plus dangereux, j'avais eu, Sire, la pensée que je ne rendrais pas un petit service à tous les honnêtes gens de votre royaume, si je faisais une comédie qui décriât les hypocrites, et mît en vue, comme il faut, toutes les grimaces étudiées de ces gens de bien à outrance, toutes les friponneries couvertes de ces faux-

---

1. **Placet :** écrit adressé à un puissant pour demander justice ou obtenir une faveur.
2. **Libraire :** imprimeur et libraire.
3. **Premier placet :** écrit en août 1664.

monnayeurs en dévotion, qui veulent attraper les hommes avec un zèle contrefait et une charité sophistique[1].

Je l'ai faite, Sire, cette comédie, avec tout le soin, comme je crois, et toutes les circonspections que pouvait demander la délicatesse de la matière ; et, pour mieux conserver l'estime et le respect qu'on doit aux vrais dévots, j'en ai distingué le plus que j'ai pu le caractère que j'avais à toucher[2]. Je n'ai point laissé d'équivoque, j'ai ôté ce qui pouvait confondre le bien avec le mal, et ne me suis servi dans cette peinture que des couleurs expresses et des traits essentiels qui font reconnaître d'abord un véritable et franc hypocrite.

Cependant toutes mes précautions ont été inutiles. On a profité, Sire, de la délicatesse de votre âme sur les matières de religion, et l'on a su vous prendre par l'endroit seul que vous êtes prenable, je veux dire par le respect des choses saintes. Les tartuffes, sous main, ont eu l'adresse de trouver grâce auprès de Votre Majesté ; et les originaux enfin ont fait supprimer la copie, quelque innocente qu'elle fût, et quelque ressemblante qu'on la trouvât.

Bien que ce m'ait été un coup sensible que la suppression de cet ouvrage, mon malheur, pourtant, était adouci par la manière dont Votre Majesté s'était expliquée sur ce sujet ; et j'ai cru, Sire, qu'elle m'ôtait tout lieu de me plaindre, ayant eu la bonté de déclarer qu'elle ne trouvait rien à dire dans cette comédie qu'elle me défendait de produire en public.

Mais, malgré cette glorieuse déclaration du plus grand roi du monde et du plus éclairé, malgré l'approbation encore de M. le légat[3], et de la plus grande partie de nos prélats, qui tous, dans les lectures particulières que je leur

---

1. **Sophistique :** feinte.
2. **Toucher :** peindre, décrire.
3. **M. le légat :** le cardinal Chigi, neveu du pape, chargé d'une ambassade en France.

ai faites de mon ouvrage, se sont trouvés d'accord avec les sentiments de Votre Majesté ; malgré tout cela, dis-je, on voit un livre composé par le curé de…[1], qui donne hautement un démenti à tous ces augustes témoignages. Votre Majesté a beau dire, et M. le légat et MM. les prélats ont beau donner leur jugement, ma comédie, sans l'avoir vue[2], est diabolique, et diabolique mon cerveau ; je suis un démon vêtu de chair et habillé en homme, un libertin, un impie digne d'un supplice exemplaire. Ce n'est pas assez que le feu expie en public mon offense, j'en serais quitte à trop bon marché ; le zèle charitable de ce galant homme de bien n'a garde de demeurer là : il ne veut point que j'aie de miséricorde auprès de Dieu, il veut absolument que je sois damné, c'est une affaire résolue.

Ce livre, Sire, a été présenté à Votre Majesté ; et, sans doute, elle juge bien elle-même combien il m'est fâcheux de me voir exposé tous les jours aux insultes de ces messieurs ; quel tort me feront dans le monde de telles calomnies, s'il faut qu'elles soient tolérées ; et quel intérêt j'ai enfin à me purger[3] de son imposture, et à faire voir au public que ma comédie n'est rien moins que ce qu'on veut qu'elle soit. Je ne dirai point, Sire, ce que j'avais à demander pour ma réputation, et pour justifier à tout le monde l'innocence de mon ouvrage : les rois éclairés comme vous n'ont pas besoin qu'on leur marque ce qu'on souhaite ; ils voient, comme Dieu, ce qu'il nous faut, et savent mieux que nous ce qu'ils nous doivent accorder. Il me suffit de mettre mes intérêts entre les mains de Votre Majesté, et j'attends d'elle, avec respect, tout ce qu'il lui plaira d'ordonner là-dessus.

---

1. **Un livre composé par le curé de… :** *Le Roi glorieux*, écrit par Pierre Roullé, curé de la paroisse de Saint-Barthélémy à Paris.
2. **Sans l'avoir vue :** sans qu'il (le curé de…) l'ait vue.
3. **Purger :** justifier.

Second placet présenté au roi dans son camp devant la ville de Lille en Flandre[1]

Sire,

C'est une chose bien téméraire à moi que de venir importuner un grand monarque au milieu de ses glorieuses conquêtes ; mais, dans l'état où je me vois, où trouver, Sire, une protection qu'au lieu où je la viens chercher ? et qui puis-je solliciter, contre l'autorité de la puissance qui m'accable[2], que la source de la puissance et de l'autorité, que le juste dispensateur des ordres absolus, que le souverain juge et le maître de toutes choses ?

Ma comédie, Sire, n'a pu jouir ici des bontés de Votre Majesté. En vain je l'ai produite sous le titre de *l'Imposteur*, et déguisé le personnage sous l'ajustement d'un homme du monde ; j'ai eu beau lui donner un petit chapeau, de grands cheveux, un grand collet, une épée, et des dentelles sur tout l'habit, mettre en plusieurs endroits des adoucissements, et retrancher avec soin tout ce que j'ai jugé capable de fournir l'ombre d'un prétexte aux célèbres originaux du portrait que je voulais faire : tout cela n'a de rien servi. La cabale[3] s'est réveillée aux simples conjectures qu'ils ont pu avoir de la chose. Ils ont trouvé moyen de surprendre des esprits qui, dans toute autre matière, font une haute profession de ne se point laisser surprendre. Ma comédie n'a pas plus tôt paru, qu'elle s'est vue foudroyée par le coup d'un pouvoir qui doit imposer du respect ; et tout ce que j'ai pu faire en cette rencontre pour me sauver moi-

---

1. **Devant la ville de Lille en Flandre :** Lille sous domination espagnole est assiégée par les Français en août 1667.
2. **La puissance qui m'accable :** le président du parlement de Paris, Lamoignon, avait interdit la représentation.
3. **La cabale :** le parti dévot.

même de l'éclat de cette tempête, c'est de dire que Votre Majesté avait eu la bonté de m'en permettre la représentation, et que je n'avais pas cru qu'il fût besoin de demander cette permission à d'autres, puisqu'il n'y avait qu'elle seule qui me l'eût défendue.

Je ne doute point, Sire, que les gens que je peins dans ma comédie ne remuent bien des ressorts auprès de Votre Majesté, et ne jettent dans leur parti, comme ils l'ont déjà fait, de véritables gens de bien, qui sont d'autant plus prompts à se laisser tromper qu'ils jugent d'autrui par eux-mêmes. Ils ont l'art de donner de belles couleurs à toutes leurs intentions. Quelque mine qu'ils fassent, ce n'est point du tout l'intérêt de Dieu qui les peut émouvoir ; ils l'ont assez montré dans les comédies qu'ils ont souffert qu'on ait jouées tant de fois en public, sans en dire le moindre mot. Celles-là n'attaquaient que la piété et la religion, dont ils se soucient fort peu ; mais celle-ci les attaque et les joue eux-mêmes, et c'est ce qu'ils ne peuvent souffrir. Ils ne sauraient me pardonner de dévoiler leurs impostures aux yeux de tout le monde ; et, sans doute, on ne manquera pas de dire à Votre Majesté que chacun s'est scandalisé de ma comédie. Mais la vérité pure, Sire, c'est que tout Paris ne s'est scandalisé que de la défense qu'on en a faite, que les plus scrupuleux en ont trouvé la représentation profitable, et qu'on s'est étonné que des personnes d'une probité si connue aient une si grande déférence pour des gens qui devraient être l'horreur de tout le monde et sont si opposés à la véritable piété dont elles font profession.

J'attends avec respect l'arrêt que Votre Majesté daignera prononcer sur cette matière ; mais il est très assuré, Sire, qu'il ne faut plus que je songe à faire des comédies, si les tartuffes ont l'avantage, qu'ils prendront droit par là de me persécuter plus que jamais, et voudront trouver à redire aux choses les plus innocentes qui pourront sortir de ma plume.

Daignent vos bontés, Sire, me donner une protection contre leur rage envenimée ; et puissé-je, au retour d'une campagne si glorieuse, délasser Votre Majesté des fatigues de ses conquêtes, lui donner d'innocents plaisirs après de si nobles travaux, et faire rire le monarque qui fait trembler toute l'Europe !

Troisième placet[1] présenté au roi

Sire,

Un fort honnête médecin, dont j'ai l'honneur d'être le malade, me promet et veut s'obliger par-devant notaires de me faire vivre encore trente années, si je puis lui obtenir une grâce de Votre Majesté. Je lui ai dit, sur sa promesse, que je ne lui demandais pas tant, et que je serais satisfait de lui pourvu qu'il s'obligeât de ne me point tuer. Cette grâce, Sire, est un canonicat[2] de votre chapelle royale de Vincennes, vacant par la mort de...

Oserais-je demander encore cette grâce à Votre Majesté le propre jour de la grande résurrection de *Tartuffe*, ressuscité par vos bontés ? Je suis, par cette première faveur, réconcilié avec les dévots ; et je le serais, par cette seconde, avec les médecins. C'est pour moi, sans doute, trop de grâce à la fois ; mais peut-être n'en est-ce pas trop pour Votre Majesté ; et j'attends, avec un peu d'espérance respectueuse, la réponse de mon placet.

---

1. **Troisième placet :** présenté au roi en 1669, le jour même de la représentation autorisée de *Tartuffe*.
2. **Canonicat :** bénéfice de chanoine, demandé pour le fils de son médecin.

Clefs d'analyse

**Second placet présenté au roi
dans son camp devant la ville de Lille
en Flandre.**

Compréhension

Une lettre de sollicitation

- Observer le vocabulaire et les formules particulières de cette adresse au roi (formules de respect, majuscules).
- Observer le champ sémantique du respect et de la flatterie envers le roi.

Au sujet de la comédie

- Expliquer dans quelles circonstances et dans quel but Molière s'adresse au roi.
- Étudier le ton satirique de Molière quand il parle de ses ennemis (vocabulaire, tournures ironiques, voire agressives).

Réflexion

- Étudier l'opposition entre les hypocrites qui condamnent la pièce sans même l'avoir vue et le public d'honnêtes hommes qui l'apprécient (le roi au premier rang d'entre eux.)
- Comparer avec le premier placet.

À retenir :

Au xviie siècle, sous le règne de Louis XIV, le statut de l'écrivain est marqué par la dépendance envers la censure politique et religieuse. Mais les auteurs peuvent s'adresser directement au roi pour solliciter sa protection. Cependant, celle-ci n'est pas facile à obtenir car le roi doit ménager les forces politiques sur lesquelles repose son pouvoir. En témoigne le fait que les trois placets successifs couvrent une période de cinq ans. (1er placet : 1664 ; 2e placet : 1667 ; 3e placet : 1669.)

PERSONNAGES

MADAME PERNELLE	*mère d'Orgon.*
ORGON	*mari d'Elmire.*
ELMIRE	*femme d'Orgon.*
DAMIS	*fils d'Orgon.*
MARIANE	*fille d'Orgon et amante[1] de Valère.*
VALÈRE	*amant de Mariane.*
CLÉANTE	*beau-frère d'Orgon.*
TARTUFFE	*faux dévot.*
DORINE	*suivante de Mariane.*
MONSIEUR LOYAL	*sergent.*
Un exempt[2]	
FLIPOTE	*servante de Madame Pernelle.*

La scène est à Paris, dans la maison d'Orgon.

---

1. **Amant(e) :** qui aime et est aimé(e).
2. **Exempt :** officier de police.

ACTE I

Scène 1
MADAME PERNELLE
ET FLIPOTE *sa servante*,
ELMIRE, MARIANE,
DORINE, DAMIS, CLÉANTE.

MADAME PERNELLE

Allons, Flipote, allons, que d'eux je me délivre.

ELMIRE

Vous marchez d'un tel pas qu'on a peine à vous suivre.

MADAME PERNELLE

Laissez, ma bru, laissez, ne venez pas plus loin :
Ce sont toutes façons dont je n'ai pas besoin.

ELMIRE

De ce que l'on vous doit envers vous on s'acquitte.   5
Mais, ma mère, d'où vient que vous sortez si vite ?

MADAME PERNELLE

C'est que je ne puis voir tout ce ménage[1]-ci,
Et que de me complaire on ne prend nul souci.
Oui, je sors de chez vous fort mal édifiée :
Dans toutes mes leçons j'y suis contrariée,   10
On n'y respecte rien, chacun y parle haut,
Et c'est tout justement la cour du roi Pétaud[2].

DORINE

Si…

---

1. **Ménage :** désordre.
2. **La cour du roi Pétaud :** lieu où règne la confusion (du nom du roi Pétault, personnage sans autorité inventé par Rabelais).

ACTE I - Scène 1

MADAME PERNELLE

Vous êtes, mamie, une fille suivante[1]
Un peu trop forte en gueule, et fort impertinente :
15 Vous vous mêlez sur tout de dire votre avis.

DAMIS

Mais…

MADAME PERNELLE

Vous êtes un sot en trois lettres, mon fils ;
C'est moi qui vous le dis, qui suis votre grand-mère.
Et j'ai prédit cent fois à mon fils, votre père,
Que vous preniez tout l'air d'un méchant garnement,
20 Et ne lui donneriez jamais que du tourment.

MARIANE

Je crois…

MADAME PERNELLE

Mon Dieu, sa sœur, vous faites la discrète.
Et vous n'y touchez pas[2], tant vous semblez doucette.
Mais il n'est, comme on dit, pire eau que l'eau qui dort,
Et vous menez sous chape[3] un train que je hais fort.

ELMIRE

25 Mais, ma mère…

MADAME PERNELLE

Ma bru, qu'il ne vous en déplaise,
Votre conduite en tout est tout à fait mauvaise ;
Vous devriez leur mettre un bon exemple aux yeux,
Et leur défunte mère en usait beaucoup mieux.
Vous êtes dépensière ; et cet état[4] me blesse,

---

1. **Fille suivante :** servante et dame de compagnie.
2. **Vous n'y touchez pas :** vous avez l'air de ne pas y toucher (vous faites la sainte-Nitouche).
3. **Sous chape :** sous cape.
4. **État :** manière de s'habiller, toilette.

Que vous alliez vêtue ainsi qu'une princesse. 30
Quiconque à son mari veut plaire seulement,
Ma bru, n'a pas besoin de tant d'ajustement.

CLÉANTE

Mais, Madame, après tout…

MADAME PERNELLE

Pour vous, Monsieur son frère,
Je vous estime fort, vous aime, et vous révère ;
Mais enfin, si j'étais de mon fils[1], son époux, 35
Je vous prierais bien fort de n'entrer point chez nous.
Sans cesse vous prêchez des maximes de vivre
Qui par d'honnêtes gens ne se doivent point suivre.
Je vous parle un peu franc ; mais c'est là mon humeur,
Et je ne mâche point ce que j'ai sur le cœur. 40

DAMIS

Votre Monsieur Tartuffe est bienheureux sans doute…

MADAME PERNELLE

C'est un homme de bien, qu'il faut que l'on écoute ;
Et je ne puis souffrir sans me mettre en courroux
De le voir querellé par un fou comme vous.

DAMIS

Quoi ? je souffrirai, moi, qu'un cagot de critique[2] 45
Vienne usurper céans un pouvoir tyrannique,
Et que nous ne puissions à rien nous divertir,
Si ce beau monsieur-là n'y daigne consentir ?

DORINE

S'il le faut écouter et croire à ses maximes,
On ne peut faire rien qu'on ne fasse des crimes ; 50
Car il contrôle tout, ce critique zélé.

---

1. **Si j'étais de mon fils :** à la place de mon fils.
2. **Cagot de critique :** un faux dévot qui a la manie de tout critiquer.

MADAME PERNELLE

Et tout ce qu'il contrôle est fort bien contrôlé.
C'est au chemin du Ciel qu'il prétend vous conduire,
Et mon fils à l'aimer vous devrait tous induire[1].

DAMIS

55 Non, voyez-vous, ma mère[2], il n'est père ni rien
Qui me puisse obliger à lui vouloir du bien :
Je trahirais mon cœur de parler d'autre sorte ;
Sur ses façons de faire à tous coups je m'emporte ;
J'en prévois une suite, et qu'avec ce pied plat[3]
60 Il faudra que j'en vienne à quelque grand éclat.

DORINE

Certes, c'est une chose aussi qui scandalise
De voir qu'un inconnu céans s'impatronise[4] ;
Qu'un gueux qui, quand il vint, n'avait pas de souliers
Et dont l'habit entier valait bien six deniers,
65 En vienne jusque-là que de se méconnaître,
De contrarier tout, et de faire le maître.

MADAME PERNELLE

Hé ! merci de ma vie[5] ! il en irait bien mieux,
Si tout se gouvernait par ses ordres pieux.

DORINE

Il passe pour un saint dans votre fantaisie :
70 Tout son fait[6], croyez-moi, n'est rien qu'hypocrisie.

MADAME PERNELLE

Voyez la langue !

---

1. **Induire :** amener.
2. **Ma mère :** Damis s'adresse à sa grand-mère.
3. **Ce pied plat :** homme du commun portant des souliers sans hauts talons (contrairement aux gens de qualité).
4. **S'impatronise :** s'établisse comme chez lui, devienne le maître.
5. **Merci de ma vie ! :** Dieu merci ! (populaire).
6. **Son fait :** conduite, allure.

DORINE

À lui, non plus qu'à son Laurent,
Je ne me fierais, moi, que sur un bon garant.

MADAME PERNELLE

J'ignore ce qu'au fond le serviteur peut être ;
Mais pour homme de bien, je garantis le maître.
Vous ne lui voulez mal et ne le rebutez   75
Qu'à cause qu'il vous dit à tous vos vérités.
C'est contre le péché que son cœur se courrouce,
Et l'intérêt du Ciel est tout ce qui le pousse.

DORINE

Oui ; mais pourquoi, surtout depuis un certain temps,
Ne saurait-il souffrir qu'aucun hante[1] céans ?   80
En quoi blesse le Ciel une visite honnête,
Pour en faire un vacarme à nous rompre la tête ?
Veut-on que là-dessus je m'explique entre nous ?
Je crois que de Madame il est, ma foi, jaloux.

MADAME PERNELLE

Taisez-vous, et songez aux choses que vous dites.   85
Ce n'est pas lui tout seul qui blâme ces visites.
Tout ce tracas qui suit les gens que vous hantez,
Ces carrosses sans cesse à la porte plantés,
Et de tant de laquais le bruyant assemblage
Font un éclat fâcheux dans tout le voisinage.   90
Je veux croire qu'au fond il ne se passe rien ;
Mais enfin on en parle, et cela n'est pas bien.

CLÉANTE

Hé ! voulez-vous, Madame, empêcher qu'on ne cause ?
Ce serait dans la vie une fâcheuse chose,
Si pour les sots discours où l'on peut être mis[2],   95

---

1. **Hante** : fréquente.
2. **Les sots discours où l'on peut être mis** : les calomnies dont on peut
   être la victime.

Il fallait renoncer à ses meilleurs amis.
Et quand même on pourrait se résoudre à le faire,
Croiriez-vous obliger tout le monde à se taire ?
Contre la médisance il n'est point de rempart.
100 À tous les sots caquets n'ayons donc nul égard ;
Efforçons-nous de vivre avec toute innocence,
Et laissons aux causeurs une pleine licence.

DORINE

Daphné, notre voisine, et son petit époux
Ne seraient-ils point ceux qui parlent mal de nous ?
105 Ceux de qui la conduite offre le plus à rire
Sont toujours sur autrui les premiers à médire ;
Ils ne manquent jamais de saisir promptement
L'apparente lueur du moindre attachement[1],
D'en semer la nouvelle avec beaucoup de joie,
110 Et d'y donner le tour qu'ils veulent qu'on y croie :
Des actions d'autrui, teintes de leurs couleurs,
Ils pensent dans le monde autoriser les leurs,
Et sous le faux espoir de quelque ressemblance,
Aux intrigues qu'ils ont donner de l'innocence,
115 Ou faire ailleurs tomber quelques traits partagés
De ce blâme public dont ils sont trop chargés.

MADAME PERNELLE

Tous ces raisonnements ne font rien à l'affaire.
On sait qu'Orante mène une vie exemplaire :
Tout ses soins vont au Ciel ; et j'ai su par des gens
120 Qu'elle condamne fort le train[2] qui vient céans.

DORINE

L'exemple est admirable, et cette dame est bonne !
Il est vrai qu'elle vit en austère personne ;
Mais l'âge dans son âme a mis ce zèle ardent,
Et l'on sait qu'elle est prude à son corps défendant :

---

1. **Attachement :** intrigue amoureuse.
2. **Train :** affluence des visiteurs

Tant qu'elle a pu des cœurs attirer les hommages,   125
Elle a fort bien joui de tous ses avantages ;
Mais, voyant de ses yeux tous les brillants baisser,
Au monde, qui la quitte, elle veut renoncer,
Et du voile pompeux d'une haute sagesse
De ses attraits usés déguiser la faiblesse.   130
Ce sont là les retours[1] des coquettes du temps.
Il leur est dur de voir déserter les galants.
Dans un tel abandon, leur sombre inquiétude
Ne voit d'autre recours que le métier de prude ;
Et la sévérité de ces femmes de bien   135
Censure toute chose, et ne pardonne à rien ;
Hautement d'un chacun elles blâment la vie,
Non point par charité, mais par un trait d'envie,
Qui ne saurait souffrir qu'une autre ait les plaisirs
Dont le penchant de l'âge[2] a sevré leurs désirs.   140

MADAME PERNELLE

Voilà les contes bleus[3] qu'il vous faut pour vous plaire.
Ma bru, l'on est chez vous contrainte de se taire,
Car Madame à jaser tient le dé[4] tout le jour.
Mais enfin je prétends discourir à mon tour :
Je vous dis que mon fils n'a rien fait de plus sage   145
Qu'en recueillant chez soi ce dévot personnage ;
Que le Ciel au besoin l'a céans envoyé
Pour redresser à tous votre esprit fourvoyé ;
Que pour votre salut vous le devez entendre,
Et qu'il ne reprend rien qui ne soit à reprendre.   150
Ces visites, ces bals, ces conversations

---

1. **Les retours :** en vénerie, ruses de la bête qui revient sur ses pas ; au sens figuré, ruses, artifices.
2. **Le penchant de l'âge :** la vieillesse.
3. **Contes bleus :** contes pour les enfants.
4. **Tient le dé :** celui qui monopolise la parole est comparé au joueur qui a le dé en main.

Sont du malin esprit[1] toutes inventions.
Là jamais on n'entend de pieuses paroles :
Ce sont propos oisifs, chansons et fariboles ;
155 Bien souvent le prochain en a sa bonne part,
Et l'on y sait médire et du tiers et du quart.
Enfin les gens sensés ont leurs têtes troublées
De la confusion de telles assemblées :
Mille caquets divers s'y font en moins de rien ;
160 Et comme l'autre jour un docteur[2] dit fort bien,
C'est véritablement la tour de Babylone[3],
Car chacun y babille, et tout du long de l'aune[4] ;
Et pour conter l'histoire où ce point l'engagea…
(Montrant Cléante.)
Voilà-t-il pas Monsieur qui ricane déjà !
(À Elmire.)
165 Allez chercher vos fous qui vous donnent à rire,
Et sans… Adieu, ma bru : je ne veux plus rien dire.
Sachez que pour céans j'en rabats de moitié[5],
Et qu'il fera beau temps quand j'y mettrai le pied.
(Donnant un soufflet à Flipote.)
Allons, vous, vous rêvez, et bayez aux corneilles.
170 Jour de Dieu ! je saurai vous frotter les oreilles.
Marchons, gaupe[6], marchons.

---

1. **Malin esprit :** démon, Satan.
2. **Docteur :** prédicateur, docteur en théologie.
3. **La tour de Babylone :** nom hébreu de la tour de Babel. C'est une confusion de Mme Pernelle.
4. **Babille, et tout du long de l'aune :** Mme Pernelle reprend ici un calembour que l'on trouve chez certains moralistes chrétiens du temps : babille-aune/Babylone ; « tout au long de l'aune » : sans discontinuer.
5. **J'en rabats de moitié :** je retire la moitié de mon estime.
6. **Gaupe :** souillon.

Clefs d'analyse

Acte I, scène 1.

Compréhension

Une scène de dispute

- Étudier la longueur des répliques. Au début, remarquer la disproportion entre celles de Mme Pernelle et celles de ses interlocuteurs. Qu'est-ce que cela indique ? Puis les répliques des membres de la famille deviennent plus longues : qu'en conclure ?

À chaque personnage son langage

- Étudier la façon dont Mme Pernelle s'exprime : formules populaires, proverbes.
- Relever les termes qui, dans ses répliques, expriment l'aigreur, l'esprit chagrin, l'autoritarisme.
- Étudier le franc-parler de Dorine.

Réflexion

Une scène de portraits

- Mme Pernelle critique les membres de la famille de son fils. Relever les défauts qu'elle reproche à chacun.
- Opposer Tartuffe vu par Mme Pernelle et Tartuffe vu par les autres.

Une scène d'exposition

- Montrer que le fait que Mme Pernelle soit partisane de Tartuffe rend ce dernier antipathique dès le début de la pièce, bien avant son apparition.

À retenir :

La scène d'exposition présente les éléments essentiels à la compréhension de la pièce. Elle montre où l'on en est au moment où l'action débute et ce qui s'est passé avant. Mais elle sert aussi à orienter la perception du spectateur, surtout dans une pièce comme celle-ci qui repose sur un conflit radical. Pas question d'un tableau objectif : le spectateur doit prendre position, choisir son camp.

Scène 2 CLÉANTE, DORINE.

CLÉANTE

Je n'y veux point aller,
De peur qu'elle ne vînt encor me quereller ;
Que cette bonne femme[1]…

DORINE

Ah ! certes, c'est dommage
Qu'elle ne vous ouït tenir un tel langage :
175 Elle vous dirait bien qu'elle vous trouve bon,
Et qu'elle n'est point d'âge à lui donner ce nom.

CLÉANTE

Comme elle s'est pour rien contre nous échauffée !
Et que de son Tartuffe elle paraît coiffée[2] !

DORINE

Oh ! vraiment, tout cela n'est rien au prix du fils,
180 Et si vous l'aviez vu, vous diriez : « C'est bien pis ! »
Nos troubles[3] l'avaient mis sur le pied d'homme sage,
Et pour servir son prince il montra du courage ;
Mais il est devenu comme un homme hébété,
Depuis que de Tartuffe on le voit entêté ;
185 Il l'appelle son frère, et l'aime dans son âme
Cent fois plus qu'il ne fait[4] mère, fils, fille, et femme.
C'est de tous ses secrets l'unique confident,
Et de ses actions le directeur prudent ;
Il le choie, il l'embrasse, et pour une maîtresse
190 On ne saurait, je pense, avoir plus de tendresse ;
À table, au plus haut bout[5] il veut qu'il soit assis ;

---

1. **Bonne femme :** vieille femme.
2. **Coiffée :** entichée.
3. **Nos troubles :** la Fronde (1648-1653).
4. **Qu'il ne fait :** qu'il n'aime.
5. **Au plus haut bout :** à la place d'honneur.

Avec joie il l'y voit manger autant que six ;
Les bons morceaux de tout, il fait qu'on les lui cède ;
Et s'il vient à roter, il lui dit : « Dieu vous aide ! »
Enfin il en est fou ; c'est son tout, son héros ;   195
Il l'admire à tous coups, le cite à tout propos ;
Ses moindres actions lui semblent des miracles,
Et tous les mots qu'il dit sont pour lui des oracles.
Lui, qui connaît sa dupe et qui veut en jouir,
Par cent dehors fardés[1] a l'art de l'éblouir,   200
Son cagotisme[2] en tire à toute heure des sommes,
Et prend droit de gloser sur tous tant que nous sommes.
Il n'est pas jusqu'au fat[3] qui lui sert de garçon
Qui ne se mêle aussi de nous faire leçon ;
Il vient nous sermonner avec des yeux farouches,   205
Et jeter nos rubans, notre rouge et nos mouches[4].
Le traître, l'autre jour, nous rompit de ses mains
Un mouchoir[5] qu'il trouva dans une *Fleur des Saints*[6],
Disant que nous mêlions, par un crime effroyable,
Avec la sainteté les parures du diable.   210

Scène 3   ELMIRE, MARIANE, DAMIS, CLÉANTE, DORINE.

ELMIRE, *à Cléante.*
Vous êtes bienheureux de n'être point venu
Au discours qu'à la porte elle nous a tenu.
Mais j'ai vu mon mari ! comme il ne m'a point vue,
Je veux aller là-haut attendre sa venue.

---

1. **Dehors fardés :** apparences mensongères.
2. **Cagotisme :** fausse dévotion, hypocrisie.
3. **Fat :** sot.
4. **Mouches :** petites rondelles en taffetas noir imitant les grains de beauté.
5. **Mouchoir :** dentelle dont les femmes paraient leur décolleté.
6. ***La Fleur des Saints :*** livre pieux du jésuite espagnol Ribadeneira.

CLÉANTE

215 Moi, je l'attends ici pour moins d'amusement[1],
Et je vais lui donner le bonjour seulement.

DAMIS

De l'hymen de ma sœur touchez-lui quelque chose.
J'ai soupçon que Tartuffe à son effet[2] s'oppose,
Qu'il oblige mon père à des détours si grands ;
220 Et vous n'ignorez pas quel intérêt j'y prends.
Si même ardeur enflamme et ma sœur et Valère,
La sœur de cet ami, vous le savez, m'est chère ;
Et s'il fallait…

DORINE

Il entre.

Scène 4 ORGON, CLÉANTE, DORINE.

ORGON

Ah ! mon frère, bonjour.

CLÉANTE

Je sortais, et j'ai joie à vous voir de retour.
225 La campagne à présent n'est pas beaucoup fleurie.

ORGON

Dorine… Mon beau-frère, attendez, je vous prie :
Vous voulez bien souffrir, pour m'ôter de souci,
Que je m'informe un peu des nouvelles d'ici.
Tout s'est-il, ces deux jours, passé de bonne sorte ?
230 Qu'est-ce qu'on fait céans ? comme[1] est-ce qu'on s'y porte ?

---

1. **Pour moins d'amusement :** pour perdre moins de temps.
2. **Effet :** exécution, réalisation.
1. **Comme :** comment.

DORINE

Madame eut avant-hier la fièvre jusqu'au soir,
Avec un mal de tête étrange à concevoir.

ORGON

Et Tartuffe ?

DORINE

Tartuffe ? Il se porte à merveille.
Gros et gras, le teint frais, et la bouche vermeille.

ORGON

Le pauvre homme !   235

DORINE

Le soir, elle eut un grand dégoût,
Et ne put au souper toucher à rien du tout,
Tant sa douleur de tête était encore cruelle !

ORGON

Et Tartuffe ?

DORINE

Il soupa, lui tout seul, devant elle,
Et fort dévotement il mangea deux perdrix,
Avec une moitié de gigot en hachis.   240

ORGON

Le pauvre homme !

DORINE

La nuit se passa toute entière
Sans qu'elle pût fermer un moment la paupière ;
Des chaleurs l'empêchaient de pouvoir sommeiller,
Et jusqu'au jour près d'elle il nous fallut veiller.

ORGON

Et Tartuffe ?   245

DORINE

Pressé d'un sommeil agréable,
Il passa dans sa chambre au sortir de la table,
Et dans son lit bien chaud il se mit tout soudain,
Où sans trouble il dormit jusques au lendemain.

ORGON

Le pauvre homme !

DORINE

À la fin, par nos raisons gagnée,
250 Elle se résolut à souffrir la saignée,
Et le soulagement suivit tout aussitôt.

ORGON

Et Tartuffe ?

DORINE

Il reprit courage comme il faut,
Et contre tous les maux fortifiant son âme,
Pour réparer le sang qu'avait perdu Madame,
255 But à son déjeuner quatre grands coups de vin.

ORGON

Le pauvre homme !

DORINE

Tous deux se portent bien enfin ;
Et je vais à Madame annoncer par avance
La part que vous prenez à sa convalescence.

Scène 5 ORGON, CLÉANTE.

CLÉANTE

À votre nez, mon frère, elle se rit de vous ;
260 Et sans avoir dessein de vous mettre en courroux,
Je vous dirai tout franc que c'est avec justice.
A-t-on jamais parlé d'un semblable caprice ?
Et se peut-il qu'un homme ait un charme[1] aujourd'hui
À vous faire oublier toutes choses pour lui,
265 Qu'après avoir chez vous réparé sa misère,
Vous en veniez au point… ?

---

1. **Charme :** pouvoir magique.

ORGON

                    Halte-là, mon beau-frère :
Vous ne connaissez pas celui dont vous parlez.

CLÉANTE

Je ne le connais pas, puisque vous le voulez ;
Mais enfin, pour savoir quel homme ce peut être…

ORGON

Mon frère, vous seriez charmé de le connaître,   270
Et vos ravissements ne prendraient point de fin.
C'est un homme… qui… ha ! un homme… un homme enfin.
Qui suit bien ses leçons goûte une paix profonde,
Et comme du fumier regarde tout le monde.
Oui, je deviens tout autre avec son entretien ;   275
Il m'enseigne à n'avoir affection pour rien,
De toutes amitiés il détache mon âme ;
Et je verrais mourir frère, enfants, mère et femme,
Que je m'en soucierais autant que de cela.

CLÉANTE

Les sentiments humains, mon frère, que voilà !   280

ORGON

Ha ! si vous aviez vu comme j'en fis rencontre,
Vous auriez pris pour lui l'amitié que je montre.
Chaque jour à l'église il venait, d'un air doux,
Tout vis-à-vis de moi se mettre à deux genoux.
Il attirait les yeux de l'assemblée entière   285
Par l'ardeur dont au Ciel il poussait sa prière ;
Il faisait des soupirs, de grands élancements[1],
Et baisait humblement la terre à tous moments ;
Et lorsque je sortais, il me devançait vite,
Pour m'aller à la porte offrir de l'eau bénite.   290
Instruit par son garçon, qui dans tout l'imitait,
Et de son indigence, et de ce qu'il était,

---

1. **Élancements :** élans de l'âme vers Dieu.

Je lui faisais des dons ; mais avec modestie
Il me voulait toujours en rendre une partie.
295 « C'est trop, me disait-il, c'est trop de la moitié ;
Je ne mérite pas de vous faire pitié » ;
Et quand je refusais de le vouloir reprendre,
Aux pauvres, à mes yeux, il allait le répandre.
Enfin le Ciel chez moi me le fit retirer,
300 Et depuis ce temps-là tout semble y prospérer.
Je vois qu'il reprend tout, et qu'à ma femme même
Il prend, pour mon honneur, un intérêt extrême ;
Il m'avertit des gens qui lui font les yeux doux,
Et plus que moi six fois il s'en montre jaloux.
305 Mais vous ne croiriez point jusqu'où monte son zèle[1],
Il s'impute à péché la moindre bagatelle ;
Un rien presque suffit pour le scandaliser ;
Jusque-là qu'il se vint l'autre jour accuser
D'avoir pris une puce en faisant sa prière,
310 Et de l'avoir tuée avec trop de colère.

CLÉANTE

Parbleu ! vous êtes fou, mon frère, que je croi[2].
Avec de tels discours vous moquez-vous de moi ?
Et que prétendez-vous que tout ce badinage… ?

ORGON

Mon frère, ce discours sent le libertinage[3] :
315 Vous en êtes un peu dans votre âme entiché ;
Et comme je vous l'ai plus de dix fois prêché,
Vous vous attirerez quelque méchante affaire.

---

1. **Zèle :** ardeur religieuse.
2. **Que je croi :** à ce que je crois (ancienne orthographe étymologique et licence poétique qui permet de respecter la rime pour l'œil).
3. **Libertinage :** indépendance, liberté de penser en dehors des règles de la religion.

CLÉANTE

Voilà de vos pareils le discours ordinaire :
Ils veulent que chacun soit aveugle comme eux.
C'est être libertin que d'avoir de bons yeux,   320
Et qui n'adore pas de vaines simagrées
N'a ni respect ni foi pour les choses sacrées.
Allez, tous vos discours ne me font point de peur :
Je sais comme je parle, et le Ciel voit mon cœur,
De tous vos façonniers[1] on n'est point les esclaves.   325
Il est de faux dévots ainsi que de faux braves ;
Et comme on ne voit pas qu'où l'honneur les conduit
Les vrais braves soient ceux qui font beaucoup de bruit,
Les bons et vrais dévots, qu'on doit suivre à la trace,
Ne sont pas ceux aussi qui font tant de grimace.   330
Hé quoi ? vous ne ferez nulle distinction
Entre l'hypocrisie et la dévotion ?
Vous les voulez traiter d'un semblable langage,
Et rendre même honneur au masque qu'au visage,
Égaler l'artifice à la sincérité,   335
Confondre l'apparence avec la vérité,
Estimer le fantôme autant que la personne,
Et la fausse monnaie à l'égal de la bonne ?
Les hommes la plupart sont étrangement faits !
Dans la juste nature on ne les voit jamais ;   340
La raison a pour eux des bornes trop petites ;
En chaque caractère ils passent ses limites ;
Et la plus noble chose, ils la gâtent souvent
Pour la vouloir outrer et pousser trop avant.
Que cela vous soit dit en passant, mon beau-frère.   345

ORGON

Oui, vous êtes sans doute un docteur qu'on révère ;
Tout le savoir du monde est chez vous retiré ;
Vous êtes le seul sage et le seul éclairé,

---

1. **Façonniers :** ceux qui font des façons, hypocrites.

Un oracle, un Caton[1] dans le siècle où nous sommes ;
350 Et près de vous ce sont des sots que tous les hommes.

CLÉANTE

Je ne suis point, mon frère, un docteur révéré,
Et le savoir chez moi n'est pas tout retiré.
Mais, en un mot, je sais, pour toute ma science,
Du faux avec le vrai faire la différence.
355 Et comme je ne vois nul genre de héros
Qui soient plus à priser que les parfaits dévots,
Aucune chose au monde et plus noble et plus belle
Que la sainte ferveur d'un véritable zèle,
Aussi ne vois-je rien qui soit plus odieux
360 Que le dehors plâtré d'un zèle spécieux[2],
Que ces francs charlatans, que ces dévots de place[3],
De qui la sacrilège et trompeuse grimace
Abuse impunément et se joue à leur gré
De ce qu'ont les mortels de plus saint et sacré,
365 Ces gens qui, par une âme à l'intérêt soumise,
Font de dévotion métier et marchandise,
Et veulent acheter crédit et dignités
À prix de faux clins d'yeux et d'élans affectés,
Ces gens, dis-je, qu'on voit d'une ardeur non commune
370 Par le chemin du Ciel courir à leur fortune,
Qui, brûlants et priants, demandent[4] chaque jour,
Et prêchent la retraite au milieu de la cour,
Qui savent ajuster leur zèle avec leurs vices,
Sont prompts, vindicatifs, sans foi[5], pleins d'artifices,
375 Et pour perdre quelqu'un couvrent insolemment
De l'intérêt du Ciel leur fier[6] ressentiment,

---

1. **Caton :** Caton l'Ancien (234-149 av. J.-C.), symbole de la vertu romaine.
2. **Zèle spécieux :** zèle de belle apparence, mais trompeur.
3. **De place :** qui s'affichent sur la place publique.
4. **Demandent :** quémandent.
5. **Foi :** parole, loyauté.
6. **Fier :** féroce.

D'autant plus dangereux dans leur âpre colère,
Qu'ils prennent contre nous des armes qu'on révère,
Et que leur passion, dont on leur sait bon gré,
Veut nous assassiner avec un fer sacré.   380
De ce faux caractère on en voit trop paraître ;
Mais les dévots de cœur sont aisés à connaître.
Notre siècle, mon frère, en expose à nos yeux
Qui peuvent nous servir d'exemples glorieux :
Regardez Ariston, regardez Périandre,   385
Oronte, Alcidamas, Polydore, Clitandre ;
Ce titre par aucun ne leur est débattu[1],
Ce ne sont point du tout fanfarons de vertu ;
On ne voit point en eux ce faste[2] insupportable,
Et leur dévotion est humaine et traitable.   390
Ils ne censurent point toutes nos actions :
Ils trouvent trop d'orgueil dans ces corrections,
Et, laissant la fierté des paroles aux autres,
C'est par leurs actions qu'ils reprennent les nôtres.
L'apparence du mal a chez eux peu d'appui[3],   395
Et leur âme est portée à juger bien d'autrui.
Point de cabale en eux, point d'intrigues à suivre ;
On les voit, pour tous soins, se mêler de bien vivre.
Jamais contre un pécheur ils n'ont d'acharnement :
Ils attachent leur haine au péché seulement   400
Et ne veulent point prendre avec un zèle extrême
Les intérêts du Ciel plus qu'il ne veut lui-même.
Voilà mes gens, voilà comme il en faut user,
Voilà l'exemple enfin qu'il se faut proposer.
Votre homme, à dire vrai, n'est pas de ce modèle.   405
C'est de fort bonne foi que vous vantez son zèle,
Mais par un faux éclat je vous crois ébloui.

---

1. **Débattu :** contesté.
2. **Faste :** étalage, mise en scène.
3. **D'appui :** de crédit.

ORGON

Monsieur mon cher beau-frère, avez-vous tout dit ?

CLÉANTE

Oui.

ORGON

Je suis votre valet[1].
(Il veut s'en aller.)

CLÉANTE

                De grâce, un mot, mon frère.
410 Laissons là ce discours. Vous savez que Valère
Pour être votre gendre a parole de vous ?

ORGON

Oui.

CLÉANTE

Vous aviez pris jour pour un lien si doux.

ORGON

Il est vrai.

CLÉANTE

                Pourquoi donc en différer la fête ?

ORGON

Je ne sais.

CLÉANTE

                Auriez-vous autre pensée en tête ?

ORGON

415 Peut-être.

CLÉANTE

                Vous voulez manquer à votre foi[2] ?

ORGON

Je ne dis pas cela.

---

1. **Je suis votre valet :** je vous salue.
2. **Foi :** parole, loyauté.

CLÉANTE
Nul obstacle, je croi[1],
Ne vous peut empêcher d'accomplir vos promesses.

ORGON
Selon[2].

CLÉANTE
Pour dire un mot faut-il tant de finesses ?
Valère sur ce point me fait vous visiter.

ORGON
Le Ciel en soit loué !   420

CLÉANTE
Mais que lui reporter ?

ORGON
Tout ce qu'il vous plaira.

CLÉANTE
Mais il est nécessaire
De savoir vos desseins. Quels sont-ils donc ?

ORGON
De faire
Ce que le Ciel voudra.

CLÉANTE
Mais parlons tout de bon.
Valère a votre foi : la tiendrez-vous, ou non ?

ORGON
Adieu.   425

CLÉANTE
Pour son amour je crains une disgrâce,
Et je dois l'avertir de tout ce qui se passe.

---

1. **Je croi** : je crois (ancienne orthographe étymologique et licence poétique qui permet de respecter la rime pour l'œil).
2. **Selon** : c'est selon, cela dépend.

Madeleine Béjart dans le rôle d'Elmire.

Clefs d'analyse

Acte I, scènes 4 et 5.

Compréhension

Répétitions et contrastes

- Relever les répétitions (I, 4).
- Opposer point par point (santé, appétit, sommeil) le malaise d'Elmire et le confort, le bien-être de Tartuffe (I, 4).

Les vrais et les faux dévots

- Relever le champ lexical de la dévotion sincère (I, 5).
- Relever le champ lexical de l'hypocrisie (I, 5).

Réflexion

Le comique

- Montrer que cette scène confirme l'opinion de Bergson selon qui le comique naît du mécanique plaqué sur le vivant (I, 4).
- Montrer en quoi cette scène complète le portrait de Tartuffe et dénonce de façon spectaculaire l'aveuglement d'Orgon (I, 4).

L'honnête homme

- Expliquer qu'avec les deux longues tirades de Cléante, Molière prend des précautions face à ses ennemis et à la censure (I, 5).
- Relever les mots et expressions qui relèvent clairement de la philosophie de l'honnête homme (I, 5).

À retenir :

Les grandes comédies de Molière présentent en général un personnage moins comique que les autres (ici Cléante) et parfois tout à fait sérieux, chargé de présenter la morale du juste milieu, c'est-à-dire celle de l'honnête homme. Ainsi, l'on rencontre dans chaque comédie au moins une scène où ce point de vue est largement exposé. On a souvent reproché à ces scènes de paraître fades, mais elles sont d'une très grande importance puisqu'elles définissent la perspective dans laquelle on doit percevoir les ridicules et les vices que critique la comédie.

Synthèse Acte I

Une exposition en mouvement

Personnages

L'entrée en scène des personnages

Cet acte d'exposition est riche en informations. Tous les personnages apparaissent en scène, sauf Tartuffe. Dans la première scène, en quarante vers, par la bouche de Mme Pernelle, le spectateur est informé rapidement et de manière naturelle sur tous les membres de la famille. En effet, une scène de dispute est une scène où l'on s'explique et la grand-mère malveillante, disant son fait à chacun, explicite les liens familiaux : Dorine est la servante, Damis est le fils, Mariane est la fille, Elmire est la seconde femme d'Orgon, Cléante est le frère de cette dernière. L'arrivée du père de famille, Orgon (sc. 4), est l'occasion d'un échange comique avec Dorine, puis d'une conversation sérieuse avec Cléante, qui montrent l'aveuglement du chef de famille, entiché de son protégé, Tartuffe.

Mais l'acte I dans son ensemble est un portrait de Tartuffe. Tous les personnages se définissent par rapport à lui : d'un côté les personnages sympathiques qui le rejettent, de l'autre, deux personnages qui ont l'autorité, le père et la grand-mère qui le défendent. Le rapport de forces est en place.

Langage

Le jeu des portraits

L'alternance est une caractéristique de cette écriture. Molière fait alterner des scènes au tempo rapide avec des répliques courtes où les personnages se coupent la parole (sc. 1, 2, 3) et des scènes aux répliques longues qui font place à la tirade (sc. 5, par exemple). Les portraits sont très fréquents dans la comédie classique. Le premier acte est émaillé de portraits : Mme Pernelle dresse des portraits rapides de tous les membres de la famille, Dorine répond par celui des voisins médisants et hypocrites et de la prude Orante, puis continue avec celui d'Orgon (v. 179-198).

Synthèse Acte I

Chacun participe à celui de Tartuffe qui est discontinu, faisant alterner l'éloge et le blâme. Pourtant, malgré un portrait aussi contrasté, le personnage est transparent pour le spectateur, parce que la louange est excessive et émane de personnages ridicules.

Société

Vraie et fausse dévotion

Molière se défend d'attaquer toute dévotion et prend bien soin de distinguer, par la bouche de Cléante, le parfait honnête homme, les « vaines simagrées » et les comportements sincères (« sincère », le dernier mot de la pièce). Le parallèle entre les vrais et les faux dévots est considérablement développé avec deux tirades de Cléante dans la scène 5, 85 vers au total, et encore une vingtaine de vers dans l'acte V (v. 1607-1628).

Ce n'est pas être libertin que ne pas se laisser prendre à de trompeuses apparences et les parfaits dévots, animés d'un véritable zèle, sont des gens admirables. Mais les faux dévots, guidés par l'intérêt, font de la dévotion un moyen de faire fortune. Les vrais et les faux sont aisés à reconnaître.

ACTE II
Scène 1 ORGON, MARIANE.

ORGON

Mariane.

MARIANE

Mon père.

ORGON

Approchez, j'ai de quoi
Vous parler en secret.

MARIANE

Que cherchez-vous ?

ORGON. *(Il regarde dans un petit cabinet.)*

Je voi[1]
Si quelqu'un n'est point là qui pourrait nous entendre :
430 Car ce petit endroit est propre pour surprendre.
Or sus[2], nous voilà bien. J'ai, Mariane, en vous
Reconnu de tout temps un esprit assez doux,
Et de tout temps aussi vous m'avez été chère.

MARIANE

Je suis fort redevable à cet amour de père.

ORGON

435 C'est fort bien dit, ma fille ; et pour le mériter,
Vous devez n'avoir soin que de me contenter.

---

1. **Je voi :** je vois (ancienne orthographe étymologique et licence poétique
   qui permet de respecter la rime pour l'œil).
2. **Or sus :** allons !

MARIANE

C'est où je mets aussi ma gloire la plus haute.

ORGON

Fort bien. Que dites-vous de Tartuffe notre hôte ?

MARIANE

Qui, moi ?

ORGON

Vous. Voyez bien comme vous répondrez.

MARIANE

Hélas ! j'en dirai, moi, tout ce que vous voudrez.   440

ORGON

C'est parler sagement. Dites-moi donc, ma fille,
Qu'en toute sa personne un haut mérite brille,
Qu'il touche votre cœur, et qu'il vous serait doux
De le voir par mon choix devenir votre époux.
Eh ?   445

(Mariane se recule avec surprise.)

MARIANE

Eh ?

ORGON

Qu'est-ce ?

MARIANE

Plaît-il ?

ORGON

Quoi ?

MARIANE

Me suis-je méprise ?

ORGON

Comment ?

MARIANE

Qui voulez-vous, mon père, que je dise
Qui me touche le cœur, et qu'il me serait doux
De voir par votre choix devenir mon époux ?

ACTE II - Scène 1

ORGON

Tartuffe.

MARIANE

Il n'en est rien, mon père, je vous jure.
450 Pourquoi me faire dire une telle imposture ?

ORGON

Mais je veux que cela soit une vérité ;
Et c'est assez pour vous que je l'aie arrêté.

MARIANE

Quoi ? vous voulez, mon père… ?

ORGON

Oui, je prétends, ma fille,
Unir par votre hymen Tartuffe à ma famille.
455 Il sera votre époux, j'ai résolu cela ;
Et comme sur vos vœux je…

Scène 2 DORINE, ORGON, MARIANE.

ORGON

Que faites-vous là ?
La curiosité qui vous presse est bien forte,
Mamie[1], à nous venir écouter de la sorte.

DORINE

Vraiment, je ne sais pas si c'est un bruit qui part
460 De quelque conjecture, ou d'un coup de hasard,
Mais de ce mariage on m'a dit la nouvelle,
Et j'ai traité cela de pure bagatelle.

---

1. **Mamie :** mon amie.

ORGON

Quoi donc ? la chose est-elle incroyable ?

DORINE

                                        À tel point,
Que vous-même, Monsieur, je ne vous en crois point.

ORGON

Je sais bien le moyen de vous le faire croire.   465

DORINE

Oui, oui, vous nous contez une plaisante histoire.

ORGON

Je conte justement ce qu'on verra dans peu.

DORINE

Chansons !

ORGON

            Ce que je dis, ma fille, n'est point jeu.

DORINE

Allez, ne croyez point à Monsieur votre père :
Il raille.   470

ORGON

        Je vous dis…

DORINE

                    Non, vous avez beau faire,
On ne vous croira point.

ORGON

                        À la fin mon courroux…

DORINE

Hé bien ! on vous croit donc, et c'est tant pis pour vous.
Quoi ? se peut-il, Monsieur, qu'avec l'air d'homme sage
Et cette large barbe[1] au milieu du visage,
Vous soyez assez fou pour vouloir… ?   475

---

1. **Barbe :** désigne aussi la moustache.

ORGON

Écoutez :

Vous avez pris céans certaines privautés
Qui ne me plaisent point ; je vous le dis, mamie.

DORINE

Parlons sans nous fâcher, Monsieur, je vous supplie.
Vous moquez-vous des gens d'avoir fait ce complot ?
480 Votre fille n'est point l'affaire d'un bigot :
Il a d'autres emplois auxquels il faut qu'il pense.
Et puis, que vous apporte une telle alliance ?
À quel sujet aller, avec tout votre bien,
Choisir une gendre gueux ?…

ORGON

Taisez-vous. S'il n'a rien,
485 Sachez que c'est par là qu'il faut qu'on le révère.
Sa misère est sans doute une honnête misère ;
Au-dessus des grandeurs elle doit l'élever,
Puisque enfin de son bien il s'est laissé priver
Par son trop peu de soin des choses temporelles,
490 Et sa puissante attache aux choses éternelles.
Mais mon secours pourra lui donner les moyens
De sortir d'embarras et rentrer dans ses biens :
Ce sont fiefs qu'à bon titre au pays[1] on renomme ;
Et tel que l'on le voit, il est bien gentilhomme.

DORINE

495 Oui, c'est lui qui le dit ; et cette vanité,
Monsieur, ne sied pas bien avec la piété.
Qui d'une sainte vie embrasse l'innocence
Ne doit point tant prôner son nom et sa naissance,
Et l'humble procédé[2] de la dévotion
500 Souffre mal les éclats de cette ambition.
À quoi bon cet orgueil ?… Mais ce discours vous blesse :

---

1. **Au pays :** dans sa province.
2. **Procédé :** conduite, manière d'agir.

Parlons de sa personne, et laissons sa noblesse.
Ferez-vous possesseur, sans quelque peu d'ennui[1],
D'une fille comme elle un homme comme lui ?
Et ne devez-vous pas songer aux bienséances,   505
Et de cette union prévoir les conséquences ?
Sachez que d'une fille on risque la vertu,
Lorsque dans son hymen son goût est combattu,
Que le dessein d'y vivre en honnête personne
Dépend des qualités du mari qu'on lui donne,   510
Et que ceux dont partout on montre au doigt le front
Font leurs femmes souvent ce qu'on voit qu'elles sont.
Il est bien difficile enfin d'être fidèle
À de certains maris faits d'un certain modèle ;
Et qui donne à sa fille un homme qu'elle hait   515
Est responsable au Ciel des fautes qu'elle fait.
Songez à quels périls votre dessein vous livre.

ORGON

Je vous dis qu'il me faut apprendre d'elle à vivre.

DORINE

Vous n'en feriez que mieux de suivre mes leçons.

ORGON

Ne nous amusons point, ma fille, à ces chansons :   520
Je sais ce qu'il vous faut, et je suis votre père.
J'avais donné pour vous ma parole à Valère ;
Mais outre qu'à jouer on dit qu'il est enclin,
Je le soupçonne encor d'être un peu libertin :
Je ne remarque point qu'il hante les églises.   525

DORINE

Voulez-vous qu'il y coure à vos heures précises,
Comme ceux qui n'y vont que pour être aperçus ?

ORGON

Je ne demande pas votre avis là-dessus.

---

1. **Ennui :** chagrin, déplaisir.

Enfin avec le Ciel l'autre est le mieux du monde,
530 Et c'est une richesse à nulle autre seconde.
Cet hymen de tous biens comblera vos désirs,
Il sera tout confit en[1] douceurs et plaisirs.
Ensemble vous vivrez, dans vos ardeurs fidèles,
Comme deux vrais enfants, comme deux tourterelles ;
535 À nul fâcheux débat jamais vous n'en viendrez,
Et vous ferez de lui tout ce que vous voudrez.

DORINE

Elle ? elle n'en fera qu'un sot[2], je vous assure.

ORGON

Ouais ! quels discours !

DORINE

Je dis qu'il en a l'encolure[3],
Et que son ascendant[4], Monsieur, l'emportera
540 Sur toute la vertu que votre fille aura.

ORGON

Cessez de m'interrompre, et songez à vous taire,
Sans mettre votre nez où vous n'avez que faire.

DORINE

Je n'en parle, Monsieur, que pour votre intérêt.
(Elle l'interrompt toujours au moment qu'il se retourne pour parler à sa fille.)

ORGON

C'est prendre trop de soin : taisez-vous, s'il vous plaît.

DORINE

545 Si l'on ne vous aimait…

---

1. **Confit en :** plein de.
2. **Sot :** cocu.
3. **Encolure :** façon d'être, allure.
4. **Ascendant :** l'astre sous lequel il est né et qui influe sur son destin, en l'occurrence son aptitude à être cocu. (Terme d'astrologie).

ORGON

Je ne veux pas qu'on m'aime.

DORINE

Et je veux vous aimer, Monsieur, malgré vous-même.

ORGON

Ah !

DORINE

Votre honneur m'est cher, et je ne puis souffrir
Qu'aux brocards[1] d'un chacun vous alliez vous offrir.

ORGON

Vous ne vous tairez point ?

DORINE

           C'est une conscience[2]
Que de vous laisser faire une telle alliance.   550

ORGON

Te tairas-tu, serpent, dont les traits effrontés… ?

DORINE

Ah ! vous êtes dévot, et vous vous emportez ?

ORGON

Oui, ma bile s'échauffe à toutes ces fadaises,
Et tout résolument je veux que tu te taises.

DORINE

Soit. Mais, ne disant mot, je n'en pense pas moins.   555

ORGON

Pense, si tu le veux ; mais applique tes soins
À ne m'en point parler, ou… Suffit.
(Se retournant vers sa fille.)
              Comme sage,
J'ai pesé mûrement toutes choses.

---

1. **Brocards :** moqueries.
2. **C'est une conscience :** c'est un cas de conscience.

ACTE II - Scène 2

DORINE

J'enrage

De ne pouvoir parler.
(Elle se tait lorsqu'il tourne la tête.)

ORGON

Sans être damoiseau[1],
560   Tartuffe est fait de sorte…

DORINE

Oui, c'est un beau museau.

ORGON

Que quand tu n'aurais même aucune sympathie
Pour tous les autres dons…
(Il se tourne devant elle, et la regarde les bras croisés.)

DORINE

La voilà bien lotie !

Si j'étais en sa place, un homme assurément
565   Ne m'épouserait pas de force impunément ;
Et je lui ferais voir bientôt après la fête
Qu'une femme a toujours une vengeance prête.

ORGON

Donc de ce que je dis on ne fera nul cas ?

DORINE

De quoi vous plaignez-vous ? Je ne vous parle pas.

ORGON

Qu'est-ce que tu fais donc ?

DORINE

Je me parle à moi-même.

ORGON

570   Fort bien. Pour châtier son insolence extrême,
Il faut que je lui donne un revers de ma main.
*(Il se met en posture de lui donner un soufflet ; et Dorine,
à chaque coup d'œil qu'il jette, se tient droite sans parler.)*

---

1. **Damoiseau :** jeune homme élégant.

Ma fille, vous devez approuver mon dessein…
Croire que le mari… que j'ai su vous élire[1]…
Que ne te parles-tu ?

DORINE
Je n'ai rien à me dire.

ORGON
Encore un petit mot.   575

DORINE
Il ne me plaît pas, moi.

ORGON
Certes, je t'y guettais.

DORINE
Quelque sotte[2], ma foi !

ORGON
Enfin, ma fille, il faut payer d'obéissance,
Et montrer pour mon choix entière déférence.

DORINE, *en s'enfuyant.*
Je me moquerais fort de prendre un tel époux.
(Il lui veut donner un soufflet et la manque.)

ORGON
Vous avez là, ma fille, une peste avec vous,   580
Avec qui sans péché je ne saurais plus vivre.
Je me sens hors d'état maintenant de poursuivre :
Ses discours insolents m'ont mis l'esprit en feu,
Et je vais prendre l'air pour me rasseoir[3] un peu.

---

1. **Élire :** choisir.
2. **Quelque sotte :** une sotte aurait parlé (sous-entendu : mais pas moi).
3. **Me rasseoir :** me calmer.

Scène 3 Dorine, Mariane.

DORINE

585 Avez-vous donc perdu, dites-moi, la parole,
Et faut-il qu'en ceci je fasse votre rôle ?
Souffrir qu'on vous propose un projet insensé,
Sans que du moindre mot vous l'ayez repoussé !

MARIANE

Contre un père absolu que veux-tu que je fasse ?

DORINE

590 Ce qu'il faut pour parer une telle menace.

MARIANE

Quoi ?

DORINE

Lui dire qu'un cœur n'aime point par autrui,
Que vous vous mariez pour vous, non pas pour lui,
Qu'étant celle pour qui se fait toute l'affaire,
C'est à vous, non à lui, que le mari doit plaire,
595 Et que si son Tartuffe est pour lui si charmant,
Il le peut épouser sans nul empêchement.

MARIANE

Un père, je l'avoue, a sur nous tant d'empire,
Que je n'ai jamais eu la force de rien dire.

DORINE

Mais raisonnons. Valère a fait pour vous des pas[1] ;
600 L'aimez-vous, je vous prie, ou ne l'aimez-vous pas ?

MARIANE

Ah ! qu'envers mon amour ton injustice est grande,
Dorine ! me dois-tu faire cette demande ?

---

1. **Des pas :** des démarches.

T'ai-je pas là-dessus ouvert cent fois mon cœur,
Et sais-tu pas pour lui jusqu'où va mon ardeur ?

DORINE

Que sais-je si le cœur a parlé par la bouche,   605
Et si c'est tout de bon que cet amant vous touche ?

MARIANE

Tu me fais un grand tort, Dorine, d'en douter,
Et mes vrais sentiments ont su trop éclater.

DORINE

Enfin, vous l'aimez donc ?

MARIANE

    Oui, d'une ardeur extrême.

DORINE

Et selon l'apparence il vous aime de même ?   610

MARIANE

Je le crois.

DORINE

   Et tous deux brûlez également
De vous voir mariés ensemble ?

MARIANE

Assurément.

DORINE

Sur cette autre union quelle est donc votre attente ?

MARIANE

De me donner la mort si l'on me violente.

DORINE

Fort bien : c'est un recours où je ne songeais pas ;   615
Vous n'avez qu'à mourir pour sortir d'embarras ;
Le remède sans doute est merveilleux. J'enrage
Lorsque j'entends tenir ces sortes de langage.

MARIANE

Mon Dieu ! de quelle humeur, Dorine, tu te rends !
Tu ne compatis point aux déplaisirs des gens.   620

73

DORINE

Je ne compatis point à qui dit des sornettes
Et dans l'occasion[1] mollit comme vous faites.

MARIANE

Mais que veux-tu ? si j'ai de la timidité…

DORINE

Mais l'amour dans un cœur veut de la fermeté.

MARIANE

625 Mais n'en gardé-je pas pour les feux[2] de Valère ?
Et n'est-ce pas à lui de m'obtenir d'un père ?

DORINE

Mais quoi ? si votre père est un bourru fieffé[3],
Qui s'est de son Tartuffe entièrement coiffé
Et manque à l'union qu'il avait arrêtée,
630 La faute à votre amant doit-elle être imputée ?

MARIANE

Mais par un haut refus et d'éclatants mépris
Ferai-je dans mon choix voir un cœur trop épris ?
Sortirai-je pour lui, quelque éclat dont il brille,
De la pudeur du sexe et du devoir de fille ?
635 Et veux-tu que mes feux par le monde étalés… ?

DORINE

Non, non, je ne veux rien. Je vois que vous voulez
 tre à Monsieur Tartuffe ; et j'aurais, quand j'y pense,
Tort de vous détourner d'une telle alliance.
Quelle raison aurais-je à combattre vos vœux ?
640 Le parti de soi-même est fort avantageux.
Monsieur Tartuffe ! oh ! oh ! n'est-ce rien qu'on propose,
Certes Monsieur Tartuffe, à bien prendre la chose,

---

1. **Occasion :** moment décisif, combat (terme militaire).
2. **Feux :** amour.
3. **Bourru fieffé :** parfait extravagant.

N'est pas un homme, non, qui se mouche du pié[1],
Et ce n'est pas peu d'heur[2] que d'être sa moitié.
Tout le monde déjà de gloire[3] le couronne ;   645
Il est noble chez lui, bien fait de sa personne ;
Il a l'oreille rouge et le teint bien fleuri ;
Vous vivrez trop contente avec un tel mari.

MARIANE

Mon Dieu !...

DORINE

      Quelle allégresse aurez-vous dans votre âme,
Quand d'un époux si beau vous vous verrez la femme !   650

MARIANE

Ha ! cesse, je te prie, un semblable discours,
Et contre cet hymen ouvre-moi du secours.
C'en est fait, je me rends, et suis prête à tout faire.

DORINE

Non, il faut qu'une fille obéisse à son père,
Voulût-il lui donner un singe pour époux.   655
Votre sort est fort beau : de quoi vous plaignez-vous ?
Vous irez par le coche[4] en sa petite ville,
Qu'en oncles et cousins vous trouverez fertile,
Et vous vous plairez fort à les entretenir.
D'abord chez le beau monde on vous fera venir ;   660
Vous irez visiter, pour votre bienvenue,
Madame la baillive[5] et Madame l'élue[6],

---

1. **Se moucher du pié :** être aussi souple qu'un saltimbanque qui touchait le nez avec son pied. C'est une manière ironique de dire que Tartuffe est un homme grave ; « pié » : orthographe archaïsante et licence poétique qui permet de respecter la rime pour l'œil.
2. **Heur :** bonheur.
3. **Gloire :** au sens religieux, béatitude des saints.
4. **Coche :** carrosse sans suspension.
5. **La baillive :** la femme du bailli, officier de justice.
6. **L'élue :** la femme d'un fonctionnaire local.

Qui d'un siège pliant[1] vous feront honorer.
Là, dans le carnaval, vous pourrez espérer

665 Le bal et la grand'bande[2], à savoir, deux musettes,
Et parfois Fagotin[3] et les marionnettes,
Si pourtant votre époux…

MARIANE

Ah ! tu me fais mourir.
De tes conseils plutôt songe à me secourir.

DORINE

Je suis votre servante[4].

MARIANE

Eh ! Dorine, de grâce…

DORINE

670 Il faut, pour vous punir, que cette affaire passe.

MARIANE

Ma pauvre fille !

DORINE

Non.

MARIANE

Si mes vœux déclarés…

DORINE

Point : Tartuffe est votre homme, et vous en tâterez.

MARIANE

Tu sais qu'à toi toujours je me suis confiée :
Fais-moi…

---

1. **Siège pliant :** dans la hiérarchie des préséances sociales, le siège indi-
quait le rang : le pliant vient en dernier après le tabouret.
2. **La grand'bande :** l'orchestre de vingt-quatre violons de la Chambre
du roi. C'est ironique, puisque l'orchestre ne se composera que de
deux musettes (cornemuses).
3. **Fagotin :** singe savant célèbre vers 1660.
4. **Je suis votre servante :** formule de refus polie.

DORINE

Non, vous serez, ma foi ! tartuffiée.

MARIANE

Hé bien ! puisque mon sort ne saurait t'émouvoir, 675
Laisse-moi désormais toute à mon désespoir :
C'est de lui que mon cœur empruntera de l'aide,
Et je sais de mes maux l'infaillible remède.
(Elle veut s'en aller.)

DORINE

Hé ! là, là, revenez. Je quitte mon courroux.
Il faut, nonobstant tout, avoir pitié de vous. 680

MARIANE

Vois-tu, si l'on m'expose à ce cruel martyre,
Je te le dis, Dorine, il faudra que j'expire.

DORINE

Ne vous tourmentez point. On peut adroitement
Empêcher… Mais voici Valère, votre amant.

Scène 4 VALÈRE, MARIANE, DORINE.

VALÈRE

On vient de débiter, Madame[1], une nouvelle 685
Que je ne savais pas, et qui sans doute est belle.

MARIANE

Quoi ?

VALÈRE

Que vous épousez Tartuffe.

---

1. **Madame :** titre qui se donnait aussi aux jeunes filles de bonne famille.

MARIANE

Il est certain
Que mon père s'est mis en tête ce dessein.

VALÈRE

Votre père, Madame…

MARIANE

A changé de visée :
690 La chose vient par lui de m'être proposée.

VALÈRE

Quoi ? sérieusement ?

MARIANE

Oui, sérieusement.
Il s'est pour cet hymen déclaré hautement.

VALÈRE

Et quel est le dessein où votre âme s'arrête,
Madame ?

MARIANE

Je ne sais.

VALÈRE

La réponse est honnête.
695 Vous ne savez ?

MARIANE

Non.

VALÈRE

Non ?

MARIANE

Que me conseillez-vous ?

VALÈRE

Je vous conseille, moi, de prendre cet époux.

MARIANE

Vous me le conseillez ?

VALÈRE

Oui.

MARIANE
Tout de bon ?

VALÈRE
Sans doute.
Le choix est glorieux, et vaut bien qu'on l'écoute.

MARIANE
Hé bien ! c'est un conseil, Monsieur, que je reçois.

VALÈRE
Vous n'aurez pas grand-peine à le suivre, je crois.   700

MARIANE
Pas plus qu'à le donner en a souffert votre âme.

VALÈRE
Moi, je vous l'ai donné pour vous plaire, Madame.

MARIANE
Et moi, je le suivrai pour vous faire plaisir.

DORINE
Voyons ce qui pourra de ceci réussir[1].

VALÈRE
C'est donc ainsi qu'on aime ? Et c'était tromperie   705
Quand vous…

MARIANE
Ne parlons point de cela, je vous prie.
Vous m'avez dit tout franc que je dois accepter
Celui que pour époux on me veut présenter :
Et je déclare, moi, que je prétends le faire,
Puisque vous m'en donnez le conseil salutaire.   710

VALÈRE
Ne vous excusez point sur mes intentions[2].
Vous aviez pris déjà vos résolutions ;

---

1. **Réussir** : résulter.
2. **Ne vous… mes intentions** : ne prenez pas prétexte de mes intentions pour vous excuser.

Et vous vous saisissez d'un prétexte frivole
Pour vous autoriser à manquer de parole.

MARIANE

715 Il est vrai, c'est bien dit.

VALÈRE

          Sans doute et votre cœur
N'a jamais eu pour moi de véritable ardeur.

MARIANE

Hélas ! permis à vous d'avoir cette pensée.

VALÈRE

Oui, oui, permis à moi ; mais mon âme offensée
Vous préviendra[1] peut-être en un pareil dessein ;
720 Et je sais où porter et mes vœux et ma main.

MARIANE

Ah ! je n'en doute point ; et les ardeurs qu'excite
Le mérite…

VALÈRE

          Mon Dieu, laissons là le mérite :
J'en ai fort peu sans doute, et vous en faites foi.
Mais j'espère aux bontés qu'une autre aura pour moi,
725 Et j'en sais de qui l'âme, à ma retraite ouverte,
Consentira sans honte à réparer ma perte[2].

MARIANE

La perte n'est pas grande ; et de ce changement
Vous vous consolerez assez facilement.

VALÈRE

J'y ferai mon possible, et vous le pouvez croire.
730 Un cœur qui nous oublie engage notre gloire[3],
Il faut à l'oublier mettre aussi tous nos soins :
Si l'on n'en vient à bout, on le doit feindre au moins ;

---

1. **Préviendra :** devancera.
2. **Ma perte :** la perte de votre amour.
3. **Engage notre gloire :** compromet notre honneur.

Et cette lâcheté jamais ne se pardonne,
De montrer de l'amour pour qui nous abandonne.

MARIANE

Ce sentiment, sans doute, est noble et relevé.   735

VALÈRE

Fort bien ; et d'un chacun il doit être approuvé.
Hé quoi ? vous voudriez qu'à jamais dans mon âme
Je gardasse pour vous les ardeurs de ma flamme,
Et vous visse, à mes yeux, passer en d'autres bras,
Sans mettre ailleurs un cœur dont vous ne voulez pas ?   740

MARIANE

Au contraire : pour moi, c'est ce que je souhaite ;
Et je voudrais déjà que la chose fût faite.

VALÈRE

Vous le voudriez ?

MARIANE

   Oui.

VALÈRE

     C'est assez m'insulter,
Madame ; et de ce pas je vais vous contenter.
(Il fait un pas pour s'en aller et revient toujours.)

MARIANE

Fort bien.   745

VALÈRE

   Souvenez-vous au moins que c'est vous-même
Qui contraignez mon cœur à cet effort extrême.

MARIANE

Oui.

VALÈRE

Et que le dessein que mon âme conçoit
N'est rien qu'à votre exemple.

MARIANE

     À mon exemple, soit.

VALÈRE

Suffit : vous allez être à point nommé servie.

MARIANE

750 Tant mieux.

VALÈRE

Vous me voyez, c'est pour toute ma vie[1].

MARIANE

À la bonne heure.

VALÈRE. *Il s'en va, et, lorsqu'il est vers la porte,*
il se retourne.

Euh ?

MARIANE

Quoi ?

VALÈRE

Ne m'appelez-vous pas ?

MARIANE

Moi ? Vous rêvez.

VALÈRE

Hé bien ! je poursuis donc mes pas.

Adieu, Madame.

MARIANE

Adieu, Monsieur.

DORINE

Pour moi, je pense

Que vous perdez l'esprit par cette extravagance :
755 Et je vous ai laissé tout du long quereller,
Pour voir où tout cela pourrait enfin aller.
Holà ! seigneur Valère.
(Elle va l'arrêter par le bras, et lui, fait mine de grande résistance.)

VALÈRE

Hé ! que veux-tu, Dorine ?

---

1. **Pour toute ma vie :** pour la dernière fois de ma vie.

DORINE

Venez ici.

VALÈRE

Non, non, le dépit me domine.
Ne me détourne point de ce qu'elle a voulu.

DORINE

Arrêtez.

760

VALÈRE

Non, vois-tu ? c'est un point résolu.

DORINE

Ah !

MARIANE

Il souffre à me voir, ma présence le chasse,
Et je ferai bien mieux de lui quitter la place.

DORINE. *Elle quitte Valère et court à Mariane.*
À l'autre. Où courez-vous ?

MARIANE

Laisse.

DORINE

Il faut revenir.

MARIANE

Non, non, Dorine ; en vain tu veux me retenir.

VALÈRE

Je vois bien que ma vue est pour elle un supplice,
Et sans doute il vaut mieux que je l'en affranchisse.

765

DORINE. *Elle quitte Mariane et court à Valère.*
Encor ? Diantre soit fait de vous si je le veux[1] !
Cessez ce badinage[2], et venez çà[3] tous deux.
(Elle les tire l'un et l'autre.)

---

1. **Diantre… le veux !** : que le diable vous emporte si j'y consens ! (si je vous laisse partir).
2. **Badinage** : jeu stupide.
3. **Çà** : ici.

VALÈRE

Mais quel est ton dessein ?

MARIANE

Qu'est-ce que tu veux faire ?

DORINE

770 Vous bien remettre ensemble, et vous tirer d'affaire.
Êtes-vous fou d'avoir un pareil démêlé ?

VALÈRE

N'as-tu pas entendu comme elle m'a parlé ?

DORINE

Êtes-vous folle, vous, de vous être emportée ?

MARIANE

N'as-tu pas vu la chose, et comme il m'a traitée ?

DORINE

775 Sottise des deux parts. Elle n'a d'autre soin
Que de se conserver à vous, j'en suis témoin.
Il n'aime que vous seule, et n'a point d'autre envie
Que d'être votre époux ; j'en réponds sur ma vie.

MARIANE

Pourquoi donc me donner un semblable conseil ?

VALÈRE

780 Pourquoi m'en demander sur un sujet pareil ?

DORINE

Vous êtes fous tous deux. Çà, la main l'un et l'autre.
Allons, vous.

VALÈRE, *en donnant sa main à Dorine.*

À quoi bon ma main ?

DORINE

Ah ! çà, la vôtre.

MARIANE, *en donnant aussi sa main.*

De quoi sert tout cela ?

DORINE

Mon Dieu ! vite, avancez.
Vous vous aimez tous deux plus que vous ne pensez.

VALÈRE

Mais ne faites donc point les choses avec peine,   785
Et regardez un peu les gens sans nulle haine.
(Mariane tourne l'œil vers Valère et fait un petit souris[1].)

DORINE

À vous dire le vrai, les amants sont bien fous !

VALÈRE

Ho çà, n'ai-je pas lieu de me plaindre de vous ?
Et pour n'en point mentir, n'êtes-vous pas méchante
De vous plaire à me dire une chose affligeante ?   790

MARIANE

Mais vous, n'êtes-vous pas l'homme le plus ingrat… ?

DORINE

Pour une autre saison laissons tout ce débat,
Et songeons à parer ce fâcheux mariage.

MARIANE

Dis-nous donc quels ressorts il faut mettre en usage.

DORINE

Nous en ferons agir de toutes les façons.   795
Votre père se moque, et ce sont des chansons ;
Mais pour vous, il vaut mieux qu'à son extravagance
D'un doux consentement vous prêtiez l'apparence,
Afin qu'en cas d'alarme il vous soit plus aisé
De tirer en longueur cet hymen proposé.   800
En attrapant du temps, à tout on remédie.
Tantôt vous payerez de[2] quelque maladie,
Qui viendra tout à coup et voudra des délais ;
Tantôt vous payerez de présages mauvais :

---

1. **Souris :** sourire.
2. **Vous payerez de :** vous prétexterez.

85

805 Vous aurez fait d'un mort la rencontre fâcheuse,
Cassé quelque miroir, ou songé[1] d'eau bourbeuse.
Enfin le bon de tout, c'est qu'à d'autres qu'à lui
On ne vous peut lier, que vous ne disiez « oui ».
Mais pour mieux réussir, il est bon, ce me semble,
810 Qu'on ne vous trouve point tous deux parlant ensemble.
(À Valère.)
Sortez, et sans tarder employez vos amis,
Pour vous faire tenir[2] ce qu'on vous a promis.
Nous allons réveiller les efforts de son frère,
Et dans notre parti jeter la belle-mère.
815 Adieu.

VALÈRE, *à Mariane.*

Quelques efforts que nous préparions tous,
Ma plus grande espérance, à vrai dire, est en vous.

MARIANE, *à Valère.*

Je ne vous réponds pas des volontés d'un père ;
Mais je ne serai point à d'autre qu'à Valère.

VALÈRE

Que vous me comblez d'aise ! Et quoi que puisse oser…

DORINE

820 Ah ! jamais les amants ne sont las de jaser.
Sortez, vous dis-je.

VALÈRE. *Il fait un pas et revient.*
Enfin…

DORINE
Quel caquet est le vôtre !
(Les poussant chacun par l'épaule.)
Tirez de cette part[3] ; et vous, tirez de l'autre.

---

1. **Songé :** vu en songe, rêvé.
2. **Tenir :** obtenir.
3. **Tirez de cette part :** sortez de ce côté.

Clefs d'analyse

Acte II, scène 4.

Compréhension

▌ Le dépit amoureux

- Étudier comment tout le malentendu et la dispute qui en résulte est la conséquence de la réplique « Je ne sais », dite par Mariane (v. 694).
- Relever les arguments que Valère, vexé, avance contre son propre intérêt en faveur du mariage de Mariane avec Tartuffe.
- Examiner la symétrie des répliques de Mariane et de Valère : longueur, sujet, effets de répétitions.

Réflexion

▌ Deux amants entêtés

- Relever ce qui montre que Mariane est aussi entêtée que son père, capable comme lui d'aggraver une situation par bravade.
- Examiner la stratégie proposée par Dorine. Souligner le fait que cela ne constitue pas une solution mais un moyen de gagner du temps : on n'a encore aucune idée de la façon dont on va pouvoir sortir de cette situation bloquée.
- Détailler la progression de l'action dans cette scène où l'on trouve en miniature trois petits actes : les amants vexés par le malentendu, la brouille et la réconciliation.

À retenir :

Cette scène ne fait pas avancer l'action. Au contraire, elle retarde l'arrivée de Tartuffe. Elle pose la question du mariage de Mariane avec Tartuffe mais aucune véritable solution n'est encore envisagée : Dorine propose seulement de gagner du temps en faisant semblant d'obéir à Orgon. Cette scène constitue une petite comédie à l'intérieur de la pièce : la comédie du dépit amoureux où les amants s'entêtent dans leur malentendu. On y trouve tous les éléments d'un sketch comique : symétrie des répliques, malentendu à cause de quelques mots, situation qui s'envenime et intervention d'un troisième personnage pour dénouer ce drame en raccourci.

Synthèse Acte II

Le mariage de Mariane

Personnages

L'ordre familial

On apprend qu'Orgon veut marier sa fille Mariane à Tartuffe. Entre l'aimable Valère, au nom de jeune premier, et le grotesque Tartuffe, la distance est grande. Mariane apparaît tout de suite comme une victime. Sa soumission à l'ordre familial est totale, elle garde le silence devant son père, elle est trop timide pour exposer ses véritables sentiments. Dorine s'agite beaucoup sans pourtant imaginer d'échappatoire et ses discours permettent de compléter l'image qu'on se fait de Tartuffe : on devine les défauts physiques d'un goinfre, on reconnaît un type comique. Mieux vaut certainement mourir qu'être « tartuffiée », c'est la seule solution qu'imagine Mariane. La passive obéissance de Mariane émeut également Valère, désappointé que sa maîtresse n'aille pas contre les volontés paternelles. Leur face-à-face tourne à la scène de dépit amoureux. Ils ne peuvent rien entreprendre sans entrer en conflit avec l'ordre familial, qui est aussi l'ordre social.

Langage

Le jeu verbal

Dans cet acte où Dorine est le personnage dominant, le comique découle de sa verve ironique et vient contrebalancer l'impression de tristesse qui accompagne le personnage de Mariane. Elle manie le comique de mots ; c'est elle qui invente le verbe « tartuffier » (sc. 3). Les répliques deviennent plus courtes, elles s'enchaînent par des reprises et des retournements de sens (« Si l'on ne vous aimait... / Je ne veux pas qu'on m'aime. / Et je veux vous aimer, Monsieur, malgré vous-même »), des jeux d'écho (« Sans être damoiseau... / Oui, c'est un beau museau »). Le rythme s'accélère, le ballet des mots entraîne les personnages dans des tours de parole rapides. Le tournoi verbal qui oppose la servante à Orgon (sc. 2) fait appel à l'ironie, à la raillerie, à l'absurde, à la contradiction. Dorine refuse d'entendre ce qu'elle entend parce qu'elle ne veut pas le croire. Elle fait appel à la superstition et à l'astrologie (Tartuffe sera cocu parce que son « ascendant » le veut ainsi). L'affrontement prend des allures de farce avec le thème du cocuage et les jeux de scène, interruptions, faux apartés que la servante multiplie (v. 558 à 569), comique de geste avec la gifle dont Orgon la menace (« il se met en posture de lui donner un soufflet ») et qui finalement tombe dans le vide.

Société

Le mariage mal assorti

Le père est le chef de famille : il a un pouvoir absolu sur le choix d'un gendre et aucun des membres de la famille ne peut passer outre la décision d'Orgon. Le mariage mal assorti est un ressort traditionnel de la comédie : le chef de famille veut marier sa fille à un fantoche ridicule qui lui plaît à lui et qui déplaît à sa fille, il veut lui donner un mari pour lui-même, il prétend : « Unir par votre hymen Tartuffe à ma famille » (sc. 1, v. 454). Ainsi le malade imaginaire veut marier Angélique à Thomas Diafoirus pour avoir un gendre médecin, Philinthe, la femme savante qui usurpe le rôle de chef de famille, veut marier Henriette à Trissotin. La fille mal mariée trompera son mari, car le mariage mal assorti mène inévitablement au cocuage. Les comédies de Molière prennent la défense de l'amour et des enfants opprimés par leurs parents.

Illustration de l'acte III du *Tartuffe*.

ACTE III

Scène 1 DAMIS, DORINE

DAMIS

Que la foudre sur l'heure achève mes destins,
Qu'on me traite partout du plus grand des faquins[1],
S'il est aucun respect ni pouvoir qui m'arrête,   825
Et si je ne fais pas quelque coup de ma tête !

DORINE

De grâce, modérez un tel emportement :
Votre père n'a fait qu'en parler simplement.
On n'exécute pas tout ce qui se propose,
Et le chemin est long du projet à la chose.   830

DAMIS

Il faut que de ce fat j'arrête les complots,
Et qu'à l'oreille un peu je lui dise deux mots.

DORINE

Ha ! tout doux ! Envers lui, comme envers votre père,
Laissez agir les soins de votre belle-mère.
Sur l'esprit de Tartuffe elle a quelque crédit ;   835
Il se rend complaisant à tout ce qu'elle dit,
Et pourrait bien avoir douceur de cœur pour elle.
Plût à Dieu qu'il[2] fût vrai ! la chose serait belle.
Enfin votre intérêt l'oblige à le mander[3] ;
Sur l'hymen qui vous trouble elle veut le sonder,   840
Savoir ses sentiments, et lui faire connaître

---

1. **Faquin :** individu méprisable.
2. **Il :** cela.
3. **Mander :** faire venir.

ACTE III - Scène 1

Quels fâcheux démêlés il pourra faire naître,
S'il faut qu'à ce dessein il prête quelque espoir[1].
Son valet dit qu'il prie, et je n'ai pu le voir ;
845 Mais ce valet m'a dit qu'il s'en allait descendre.
Sortez donc, je vous prie, et me laissez l'attendre.

DAMIS

Je puis être présent à tout cet entretien.

DORINE

Point. Il faut qu'ils soient seuls.

DAMIS

Je ne lui dirai rien.

DORINE

Vous vous moquez : on sait vos transports[2] ordinaires,
850 Et c'est le vrai moyen de gâter les affaires.
Sortez.

DAMIS

Non : je veux voir, sans me mettre en courroux.

DORINE

Que vous êtes fâcheux ! Il vient. Retirez-vous.

---

1. **S'il faut... espoir :** s'il souhaite la réalisation.
2. **Transports :** emportements.

Scène 2 TARTUFFE, LAURENT, DORINE.

TARTUFFE, *apercevant Dorine.*

Laurent, serrez[1] ma haire[2] avec ma discipline[3],
Et priez que toujours le Ciel vous illumine.
Si l'on vient pour me voir, je vais aux prisonniers   855
Des aumônes que j'ai partager les deniers.

DORINE

Que d'affectation et de forfanterie !

TARTUFFE

Que voulez-vous ?

DORINE

Vous dire…

TARTUFFE. *Il tire un mouchoir de sa poche.*

Ah ! mon Dieu, je vous prie,
Avant que de parler prenez-moi ce mouchoir.

DORINE

Comment ?   860

TARTUFFE

Couvrez ce sein que je ne saurais voir :
Par de pareils objets[4] les âmes sont blessées,
Et cela fait venir de coupables pensées.

DORINE

Vous êtes donc bien tendre à la tentation,
Et la chair sur vos sens fait grande impression ?
Certes je ne sais pas quelle chaleur vous monte :   865

---

1. **Serrez :** rangez.
2. **Haire :** chemise de crin portée à même la peau par esprit de mortification.
3. **Discipline :** fouet avec lequel les pénitents se flagellaient.
4. **Objet :** ce qui est exposé au regard, à la vue.

Mais à convoiter, moi, je ne suis point si prompte,
Et je vous verrais nu du haut jusques en bas,
Que toute votre peau ne me tenterait pas.

TARTUFFE

Mettez dans vos discours un peu de modestie,
870 Ou je vais sur-le-champ vous quitter la partie[1].

DORINE

Non, non, c'est moi qui vais vous laisser en repos,
Et je n'ai seulement qu'à vous dire deux mots.
Madame va venir dans cette salle basse[2],
Et d'un mot d'entretien vous demande la grâce.

TARTUFFE

875 Hélas ! très volontiers.

DORINE, *en soi-même.*

Comme il se radoucit !
Ma foi, je suis toujours pour ce que j'en ai dit.

TARTUFFE

Viendra-t-elle bientôt ?

DORINE

Je l'entends, ce me semble.
Oui, c'est elle en personne, et je vous laisse ensemble.

---

1. **Quitter la partie :** céder la place.
2. **Salle basse :** salon situé au rez-de-chaussée.

Clefs d'analyse

Acte III, scène 2.

Compréhension

▌ *Un dévot qui ne risque pas de passer inaperçu*

- Relever les didascalies qui soulignent l'hypocrisie de Tartuffe.
- Relever le champ lexical de l'austérité dévote.

▌ *Une servante qui n'est pas dupe*

- Relever dans les propos de Dorine les mots et expressions qui dénoncent la fausseté de Tartuffe.
- Analyser les passages qui touchent à la gauloiserie.

Réflexion

▌ *Un hypocrite qui en fait trop*

- Expliquer en quoi l'entrée en scène de Tartuffe comble l'attente du spectateur. Non seulement il confirme ce qu'on a déjà dit de lui mais il se révèle encore pire que son portrait.
- Montrer que, dès son arrivée, Tartuffe manifeste les appétits charnels qui vont le démasquer par la suite.

▌ *Un auteur qui se soumet aux exigences du genre théâtral*

- Montrer que Molière laisse volontairement paraître la vraie nature de Tartuffe sous son masque. Expliquer quel est l'intérêt théâtral de cette contradiction.

À retenir :

Dès ses premiers mots, Tartuffe se dénonce lui-même comme un « cabotin » de la dévotion. Dans la réalité, ce serait le comble de la maladresse. Au théâtre, c'est indispensable pour que les spectateurs ne se trompent pas sur le personnage. Tartuffe ne peut faire rire que si l'on perçoit clairement ses contradictions.

Scène 3 Elmire, Tartuffe.

Tartuffe

Que le Ciel à jamais par sa toute bonté
880 Et de l'âme et du corps vous donne la santé,
Et bénisse vos jours autant que le désire
Le plus humble de ceux que son amour inspire.

Elmire

Je suis fort obligée à ce souhait pieux.
Mais prenons une chaise, afin d'être un peu mieux.

Tartuffe

885 Comment de votre mal vous sentez-vous remise ?

Elmire

Fort bien ; et cette fièvre a bientôt quitté prise.

Tartuffe

Mes prières n'ont pas le mérite qu'il faut
Pour avoir attiré cette grâce d'en haut ;
Mais je n'ai fait au Ciel nulle dévote instance
890 Qui n'ait eu pour objet votre convalescence.

Elmire

Votre zèle pour moi s'est trop inquiété.

Tartuffe

On ne peut trop chérir votre chère santé,
Et pour la rétablir j'aurais donné la mienne.

Elmire

C'est pousser bien avant la charité chrétienne,
895 Et je vous dois beaucoup pour toutes ces bontés.

Tartuffe

Je fais bien moins pour vous que vous ne méritez.

Elmire

J'ai voulu vous parler en secret d'une affaire,
Et suis bien aise ici qu'aucun ne nous éclaire[1].

---

1. **Éclaire** : épie.

TARTUFFE

J'en suis ravi de même, et sans doute il m'est doux,
Madame, de me voir seul à seul avec vous :   900
C'est une occasion qu'au Ciel j'ai demandée,
Sans que jusqu'à cette heure il me l'ait accordée.

ELMIRE

Pour moi, ce que je veux, c'est un mot d'entretien,
Où tout votre cœur s'ouvre et ne me cache rien.

TARTUFFE

Et je ne veux aussi pour grâce singulière   905
Que montrer à vos yeux mon âme toute entière,
Et vous faire serment que les bruits[2] que j'ai faits
Des visites qu'ici reçoivent vos attraits
Ne sont pas envers vous l'effet d'aucune haine,
Mais plutôt d'un transport de zèle qui m'entraîne,   910
Et d'un pur mouvement…

ELMIRE

                              Je le prends bien aussi,
Et crois que mon salut vous donne ce souci.

TARTUFFE. *Il lui serre le bout des doigts.*

Oui, Madame, sans doute, et ma ferveur est telle…

ELMIRE

Ouf ! vous me serrez trop.

TARTUFFE

                              C'est par excès de zèle.
De vous faire aucun mal je n'eus jamais dessein,   915
Et j'aurais bien plutôt…
(Il lui met la main sur le genou.)

ELMIRE

                    Que fait là votre main ?

TARTUFFE

Je tâte votre habit : l'étoffe en est moelleuse.

---

1. **Bruits :** critiques.

ELMIRE

Ah ! de grâce, laissez, je suis fort chatouilleuse.
(Elle recule sa chaise, et Tartuffe rapproche la sienne.)

TARTUFFE

Mon Dieu ! que de ce point[1] l'ouvrage est merveilleux !
920 On travaille aujourd'hui d'un air[2] miraculeux ;
Jamais, en toute chose, on n'a vu si bien faire.

ELMIRE

Il est vrai. Mais parlons un peu de notre affaire.
On tient[3] que mon mari veut dégager sa foi[4],
Et vous donner sa fille. Est-il vrai, dites-moi ?

TARTUFFE

925 Il m'en a dit deux mots ; mais, Madame, à vrai dire,
Ce n'est pas le bonheur après quoi je soupire ;
Et je vois autre part les merveilleux attraits
De la félicité qui fait tous mes souhaits.

ELMIRE

C'est que vous n'aimez rien des choses de la terre.

TARTUFFE

930 Mon sein n'enferme pas un cœur qui soit de pierre.

ELMIRE

Pour moi, je crois qu'au Ciel tendent tous vos soupirs,
Et que rien ici-bas n'arrête vos désirs.

TARTUFFE

L'amour qui nous attache aux beautés éternelles
N'étouffe pas en nous l'amour des temporelles ;
935 Nos sens facilement peuvent être charmés
Des ouvrages parfaits que le Ciel a formés.
Ses attraits réfléchis brillent dans vos pareilles ;
Mais il étale en vous ses plus rares merveilles :

---

1. **Point :** dentelle.
2. **Air :** manière.
3. **Tient :** prétend.
4. **Dégager sa foi :** revenir sur sa parole.

Il a sur votre face épanché des beautés
Dont les yeux sont surpris, et les cœurs transportés,　940
Et je n'ai pu vous voir, parfaite créature,
Sans admirer en vous l'auteur de la nature,
Et d'une ardente amour sentir mon cœur atteint,
Au[1] plus beau des portraits où lui-même il s'est peint.
D'abord j'appréhendai que cette ardeur secrète　945
Ne fût du noir esprit[2] une surprise adroite[3] ;
Et même à fuir vos yeux mon cœur se résolut,
Vous croyant un obstacle à faire mon salut.
Mais enfin je connus, ô beauté toute aimable,
Que cette passion peut n'être point coupable,　950
Que je puis l'ajuster avecque la pudeur,
Et c'est ce qui m'y fait abandonner mon cœur.
Ce m'est, je le confesse, une audace bien grande
Que d'oser de ce cœur vous adresser l'offrande ;
Mais j'attends en mes vœux tout de votre bonté,　955
Et rien des vains efforts de mon infirmité[4],
En vous est mon espoir, mon bien, ma quiétude,
De vous dépend ma peine ou ma béatitude,
Et je vais être enfin, par votre seul arrêt,
Heureux, si vous voulez, malheureux, s'il vous plaît.　960

ELMIRE

La déclaration est tout à fait galante,
Mais elle est, à vrai dire, un peu bien surprenante.
Vous deviez[5], ce me semble, armer mieux votre sein[6],
Et raisonner un peu sur un pareil dessein.
Un dévot comme vous, et que partout on nomme…　965

---

1. **Au :** devant le.
2. **Noir esprit :** diable.
3. **Surprise adroite :** piège ; « adroite » : se prononçait « adrète » et rimait avec « secrète ».
4. **Infirmité :** faiblesse (terme religieux, comme *offrande, quiétude, béatitude*).
5. **Deviez :** auriez dû.
6. **Sein :** ici, cœur.

ACTE III - Scène 3

TARTUFFE

Ah ! pour être dévot, je n'en suis pas moins homme ;
Et lorsqu'on vient à voir vos célestes appas,
Un cœur se laisse prendre, et ne raisonne pas.
Je sais qu'un tel discours de moi paraît étrange ;
970 Mais, Madame, après tout, je ne suis pas un ange ;
Et si vous condamnez l'aveu que je vous fais,
Vous devez vous en prendre à vos charmants attraits.
Dès que j'en vis briller la splendeur plus qu'humaine,
De mon intérieur[1] vous fûtes souveraine ;
975 De vos regards divins l'ineffable douceur
Força la résistance où s'obstinait mon cœur ;
Elle surmonta tout, jeûnes, prières, larmes,
Et tourna tous mes vœux[2] du côté de vos charmes.
Mes yeux et mes soupirs vous l'ont dit mille fois,
980 Et pour mieux m'expliquer j'emploie ici la voix.
Que si vous contemplez d'une âme un peu bénigne
Les tribulations[3] de votre esclave indigne,
S'il faut que vos bontés veuillent me consoler
Et jusqu'à mon néant daignent se ravaler,
985 J'aurai toujours pour vous, ô suave merveille,
Une dévotion à nulle autre pareille.
Votre honneur avec moi ne court point de hasard[4],
Et n'a nulle disgrâce à craindre de ma part.
Tous ces galants de cour, dont les femmes sont folles,
990 Sont bruyants dans leurs faits et vains dans leurs paroles,
De leurs progrès sans cesse on les voit se targuer ;
Ils n'ont point de faveurs qu'ils n'aillent divulguer,
Et leur langue indiscrète, en qui l'on se confie,
Déshonore l'autel[5] où leur cœur sacrifie.

---

1. **Mon intérieur :** mon âme.
2. **Vœux :** espoirs amoureux (langue galante).
3. **Tribulations :** misères, afflictions, considérées comme venant de Dieu.
4. **De hasard :** de risques.
5. **L'autel :** l'amour ou la femme aimée (par métaphore).

Mais les gens comme nous brûlent d'un feu discret, 995
Avec qui pour toujours on est sûr du secret :
Le soin que nous prenons de notre renommée
Répond de toute chose à la personne aimée,
Et c'est en nous qu'on trouve, acceptant[1] notre cœur,
De l'amour sans scandale et du plaisir sans peur. 1000

ELMIRE

Je vous écoute dire, et votre rhétorique
En termes assez forts à mon âme s'explique.
N'appréhendez-vous point que je ne sois d'humeur
À dire à mon mari cette galante ardeur,
Et que le prompt avis d'un amour de la sorte 1005
Ne pût[2] bien altérer l'amitié qu'il vous porte ?

TARTUFFE

Je sais que vous avez trop de bénignité[3]
Et que vous ferez grâce à ma témérité,
Que vous m'excuserez sur l'humaine faiblesse
Des violents transports d'un amour qui vous blesse, 1010
Et considérerez, en regardant votre air,
Que l'on est pas aveugle, et qu'un homme est de chair.

ELMIRE

D'autres prendraient cela d'autre façon peut-être ;
Mais ma discrétion se veut faire paraître.
Je ne redirai point l'affaire à mon époux ; 1015
Mais je veux en revanche une chose de vous :
C'est de presser tout franc et sans nulle chicane
L'union[4] de Valère avecque Mariane,
De renoncer vous-même à l'injuste pouvoir
Qui veut du bien d'un autre enrichir votre espoir, 1020
Et…

---

1. **Acceptant** : si l'on accepte.
2. **Pût** : puisse.
3. **Bénignité** : bienveillance.
4. **Union** : se prononce en trois syllabes (en faisant la diérèse) ; même remarque pour Mariane.

Clefs d'analyse

Acte III, scène 3.

Compréhension

Tartuffe

- Relever le champ lexical de la dévotion et de la galanterie.

Elmire

- Montrer comment Elmire s'efforce de maintenir, malgré lui, Tartuffe dans son rôle de dévot.

Réflexion

Un beau parleur

- Analyser la déclaration de Tartuffe en faisant semblant d'ignorer que c'est un imposteur qui parle. La rattacher à la tradition courtoise qui considère la beauté féminine comme le reflet de la divinité.

Une femme habile et digne

- Souligner la prudence et l'habileté d'Elmire qui se méfie de Tartuffe.
- Relever les aspects de cette scène qui pouvaient choquer certains spectateurs à l'époque de Molière : complète absence de scrupule chez Tartuffe, détournement galant du vocabulaire religieux (car il ne faut jamais oublier que Tartuffe ne se présente pas comme un poète courtois mais comme un dévot.)

À retenir :

Cette scène constitue le centre de la pièce. La longue déclaration de Tartuffe est un exemple de poésie amoureuse courtoise et si elle est à la fois comique et ignoble, c'est parce que celui qui la prononce est un imposteur. C'est le deuxième coup de théâtre après l'annonce du mariage de Mariane avec Tartuffe. Il est beaucoup plus inattendu (le mariage forcé est un peu un lieu commun de la comédie classique) puisque Tartuffe n'hésite pas à abattre son masque. Cela fait de lui un personnage dangereux, cynique et dont on doit craindre les réactions imprévisibles.

Scène 4 Damis, Elmire, Tartuffe.

DAMIS, *sortant du petit cabinet où il s'était retiré.*

Non, Madame, non : ceci doit se répandre.
J'étais en cet endroit, d'où j'ai pu tout entendre ;
Et la bonté du Ciel m'y semble avoir conduit
Pour confondre[1] l'orgueil d'un traître qui me nuit,
Pour m'ouvrir une voie à[2] prendre la vengeance   1025
De son hypocrisie et de son insolence,
À détromper mon père, et lui mettre en plein jour
L'âme d'un scélérat qui vous parle d'amour.

ELMIRE

Non, Damis : il suffit qu'il se rende plus sage,
Et tâche à mériter la grâce où je m'engage[3].   1030
Puisque je l'ai promis, ne m'en dédites pas.
Ce n'est point mon humeur de faire des éclats :
Une femme se rit de sottises pareilles,
Et jamais d'un mari n'en trouble les oreilles.

DAMIS

Vous avez vos raisons pour en user ainsi,   1035
Et pour faire autrement j'ai les miennes aussi.
Le vouloir épargner est une raillerie ;
Et l'insolent orgueil de sa cagoterie[4]
N'a triomphé que trop de mon juste courroux,
Et que trop excité de désordre chez nous.   1040
Le fourbe trop longtemps a gouverné mon père,
Et desservi mes feux avec ceux de Valère.
Il faut que du perfide il soit désabusé,
Et le Ciel pour cela m'offre un moyen aisé.
De cette occasion je lui suis redevable,   1045

---

1. **Confondre :** dénoncer.
2. **Une voie à :** le moyen de.
3. **La grâce où je m'engage :** le pardon que je promets.
4. **Cagoterie :** hypocrisie.

Et pour la négliger, elle est trop favorable :
Ce serait mériter qu'il me la vînt ravir
Que de l'avoir en main et ne m'en pas servir.

ELMIRE

Damis…

DAMIS

      Non, s'il vous plaît, il faut que je me croie[1].
1050 Mon âme est maintenant au comble de sa joie ;
Et vos discours en vain prétendent m'obliger
À quitter le plaisir de me pouvoir venger.
Sans aller plus avant, je vais vuider[2] d'affaire ;
Et voici justement de quoi me satisfaire.

Scène 5   ORGON, DAMIS, TARTUFFE, ELMIRE.

DAMIS

1055 Nous allons régaler, mon père, votre abord[3]
D'un incident tout frais qui vous surprendra fort.
Vous êtes bien payé de toutes vos caresses[4],
Et Monsieur d'un beau prix reconnaît vos tendresses.
Son grand zèle pour vous vient de se déclarer.
1060 Il ne va pas à moins qu'à vous déshonorer,
Et je l'ai surpris là qui faisait à Madame
L'injurieux aveu d'une coupable flamme.
Elle est d'une humeur douce, et son cœur trop discret
Voulait à toute force en garder le secret ;
1065 Mais je ne puis flatter[5] une telle impudence
Et crois que vous la taire est vous faire une offense.

---

1. **Que je me croie :** que j'en fasse à ma tête.
2. **Vuider :** vider, régler.
3. **Abord :** arrivée.
4. **Caresses :** marques d'amitié.
5. **Flatter :** favoriser.

ELMIRE

Oui, je tiens que[2] jamais de tous ces vains propos
On ne doit d'un mari traverser[3] le repos ;
Que ce n'est point de là que l'honneur peut dépendre,
Et qu'il suffit pour nous de savoir nous défendre.   1070
Ce sont mes sentiments ; et vous n'auriez rien dit,
Damis, si j'avais eu sur vous quelque crédit.

Scène 6 ORGON, DAMIS, TARTUFFE.

ORGON

Ce que je viens d'entendre, ô Ciel ! est-il croyable ?

TARTUFFE

Oui, mon frère, je suis un méchant, un coupable.
Un malheureux pécheur tout plein d'iniquité,   1075
Le plus grand scélérat qui jamais ait été.
Chaque instant de ma vie est chargé de souillures ;
Elle n'est qu'un amas de crimes et d'ordures,
Et je vois que le Ciel, pour ma punition,
Me veut mortifier en cette occasion.   1080
De quelque grand forfait qu'on me puisse reprendre,
Je n'ai garde d'avoir l'orgueil de m'en défendre.
Croyez ce qu'on vous dit, armez votre courroux,
Et comme un criminel chassez-moi de chez vous.
Je ne saurais avoir tant de honte en partage   1085
Que je n'en aie encor mérité davantage.

ORGON, *à son fils.*

Ah ! traître, oses-tu bien, par cette fausseté,
Vouloir de sa vertu ternir la pureté ?

---

2 **Je tiens que :** je crois fermement que.
3. **Traverser :** troubler.

DAMIS

Quoi ! la feinte douceur de cette âme hypocrite
1090 Vous fera démentir…

ORGON

Tais-toi, peste maudite !

TARTUFFE

Ah ! laissez-le parler ; vous l'accusez à tort,
Et vous ferez bien mieux de croire à son rapport.
Pourquoi sur un tel fait m'être si favorable ?
Savez-vous, après tout, de quoi je suis capable ?
1095 Vous fiez-vous, mon frère, à mon extérieur ?
Et, pour tout ce qu'on voit, me croyez-vous meilleur ?
Non, non, vous vous laissez tromper à l'apparence,
Et je ne suis rien moins, hélas ! que ce qu'on pense.
Tout le monde me prend pour un homme de bien ;
1100 Mais la vérité pure est que je ne vaux rien.
(S'adressant à Damis.)
Oui, mon cher fils, parlez, traitez-moi de perfide,
D'infâme, de perdu, de voleur, d'homicide ;
Accablez-moi de noms encor plus détestés ;
Je n'y contredis point, je les ai mérités,
1105 Et j'en veux à genoux souffrir l'ignominie,
Comme une honte due aux crimes de ma vie.

ORGON, *à Tartuffe.*

Mon frère, c'en est trop.
(À son fils.)
                            Ton cœur ne se rend point,
Traître ?

DAMIS

Quoi ! ses discours vous séduiront[1] au point…

ORGON

Tais-toi, pendard !

---

1. **Séduiront :** tromperont.

(À Tartuffe.)

Mon frère, eh ! levez-vous, de grâce.

(À son fils.)
Infâme !   1110

DAMIS

Il peut…

ORGON

Tais-toi.

DAMIS

J'enrage ! Quoi ! je passe…

ORGON

Si tu dis un seul mot, je te romprai les bras.

TARTUFFE

Mon frère, au nom de Dieu, ne vous emportez pas.
J'aimerais mieux souffrir la peine la plus dure
Qu'il eût reçu pour moi la moindre égratignure.

ORGON, *à son fils.*

Ingrat !   1115

TARTUFFE

Laissez-le[1] en paix. S'il faut, à deux genoux
Vous demander sa grâce…

ORGON *à Tartuffe.*

Hélas ! vous moquez-vous ?

(À son fils.)
Coquin, vois sa bonté.

DAMIS

Donc…

ORGON

Paix !

DAMIS

Quoi, je…

---

1. **Laissez-le en paix :** le *e* s'élide : « laissez-l(e) en paix » (usage classique).

ORGON

Paix, dis-je !

Je sais bien quel motif à l'attaquer t'oblige.
Vous le haïssez tous, et je vois aujourd'hui
1120 Femme, enfants et valets déchaînés contre lui.
On met impudemment toute chose en usage
Pour ôter de chez moi ce dévot personnage ;
Mais plus on fait d'efforts afin de l'en bannir,
Plus j'en veux employer à l'y mieux retenir,
1125 Et je vais me hâter de lui donner ma fille
Pour confondre l'orgueil de toute ma famille.

DAMIS

À recevoir sa main on pense l'obliger ?

ORGON

Oui, traître, et dès ce soir, pour vous faire enrager.
Ah ! je vous brave tous et vous ferai connaître
1130 Qu'il faut qu'on m'obéisse et que je suis le maître,
Allons, qu'on se rétracte, et qu'à l'instant, fripon,
On se jette à ses pieds pour demander pardon.

DAMIS

Qui, moi ? de ce coquin qui par ses impostures…

ORGON

Ah ! tu résistes, gueux, et lui dis des injures ?
1135 Un bâton ! un bâton !
(*À Tartuffe.*)

Ne me retenez pas.

(*À son fils.*)
Sus, que de ma maison on sorte de ce pas,
Et que d'y revenir on n'ait jamais l'audace.

DAMIS

Oui, je sortirai, mais…

ORGON

Vite, quittons la place.
Je te prive, pendard, de ma succession
1140 Et te donne, de plus, ma malédiction.

Scène 7 ORGON, TARTUFFE.

ORGON
Offenser de la sorte une sainte personne !

TARTUFFE
Ô Ciel ! pardonne-lui la douleur qu'il me donne.
(À Orgon.)
Si vous pouviez savoir avec quel déplaisir
Je vois qu'envers mon frère on tâche à me noircir…

ORGON
Hélas !   1145

TARTUFFE
    Le seul penser[1] de cette ingratitude
Fait souffrir à mon âme un supplice si rude…
L'horreur que j'en conçois… J'ai le cœur si serré
Que je ne puis parler et crois que j'en mourrai.

ORGON, *il court tout en larmes à la porte*
par où il a chassé son fils.
Coquin ! je me repens que ma main t'ait fait grâce,
Et ne t'ait pas d'abord assommé sur la place.   1150
Remettez-vous, mon frère, et ne vous fâchez pas.

TARTUFFE
Rompons, rompons le cours de ces fâcheux débats.
Je regarde céans quels grands troubles j'apporte
Et crois qu'il est besoin, mon frère, que j'en sorte.

ORGON
Comment ? Vous moquez-vous ?   1155

---

1. **Penser :** pensée (vieux, très usité en poésie, pour éviter le *e* muet de
pensée).

TARTUFFE

On m'y hait, et je voi[1]
Qu'on cherche à vous donner des soupçons de ma foi.

ORGON

Qu'importe ! Voyez-vous que mon cœur les écoute ?

TARTUFFE

On ne manquera pas de poursuivre, sans doute ;
Et ces mêmes rapports, qu'ici vous rejetez,
1160 Peut-être une autre fois seront-ils écoutés.

ORGON

Non, mon frère, jamais.

TARTUFFE

Ah ! mon frère, une femme
Aisément d'un mari peut bien surprendre[2] l'âme.

ORGON

Non, non.

TARTUFFE

Laissez-moi vite, en m'éloignant d'ici,
Leur ôter tout sujet de m'attaquer ainsi.

ORGON

1165 Non, vous demeurerez, il y va de ma vie.

TARTUFFE

Hé bien, il faudra donc que je me mortifie.
Pourtant, si vous vouliez…

ORGON

Ah !

TARTUFFE

Soit, n'en parlons plus.
Mais je sais comme il faut en user là-dessus.

---

1. **Je voi** : je vois (ancienne orthographe étymologique et licence poétique
   qui permet de respecter la rime pour l'œil).
2. **Surprendre** : tromper.

L'honneur est délicat, et l'amitié m'engage
À prévenir les bruits et les sujets d'ombrage : 1170
Je fuirai votre épouse et vous ne me verrez…

ORGON

Non, en dépit de tous, vous la fréquenterez.
Faire enrager le monde est ma plus grande joie,
Et je veux qu'à toute heure avec elle on vous voie.
Ce n'est pas tout encor : pour les mieux braver tous, 1175
Je ne veux pas avoir d'autre héritier que vous,
Et je vais de ce pas, en fort bonne manière,
Vous faire de mon bien donation entière.
Un bon et franc ami, que pour gendre je prends,
M'est bien plus cher que fils, que femme, et que parents. 1180
N'accepterez-vous pas ce que je vous propose ?

TARTUFFE

La volonté du Ciel soit faite en toute chose !

ORGON

Le pauvre homme ! Allons vite en dresser un écrit,
Et que puisse l'envie[1] en crever de dépit !

---

1. **L'envie :** les envieux.

Clefs d'analyse

Acte III, scènes 6 et 7.

Compréhension :

La défense de Tartuffe (scène 6)

- Relever dans les propos de Tartuffe le champ lexical de la pénitence et de la confession.
- Relever les passages où Tartuffe dit la vérité sur lui-même.

Orgon dupe de Tartuffe (scène 7)

- Étudier la progression qui mène Tartuffe du désir simulé de partir à la soumission hypocrite aux ordres d'Orgon.

Réflexion

L'autocritique de Tartuffe (scènes 6 et 7)

- Montrer comment la situation qui était désespérée se retourne au profit de Tartuffe.
- Montrer par quels procédés Tartuffe arrive paradoxalement à se faire passer pour innocent en mettant en avant sa culpabilité. Comment la vérité sert la cause du mensonge.

Orgon subjugué (scène 7)

- Montrer par quel chantage Tartuffe tient Orgon sous sa volonté.
- Étudier comment Orgon, homme colérique, aggrave, de façon comique et inquiétante, la situation.

À retenir :

Ces deux scènes constituent un retournement de situation spectaculaire. Tartuffe, pris en flagrant délit, se disculpe non en niant – ce qui serait difficile devant deux témoins – mais au contraire en abondant dans le sens de ses accusateurs. Le procédé est bien connu des psychologues et des politiciens. Il « coupe l'herbe sous le pied » des attaquants tout en donnant une apparence de repentir sincère à celui qui l'emploie. Cette attitude vient renforcer le caractère cynique et opportuniste de Tartuffe qui sait saisir l'occasion au moment où elle se présente avec une absence de scrupule machiavélique. Par ailleurs, cette réaction surprenante donne un grand dynamisme à la fin de l'acte III. Le spectateur n'a pas le temps de souffler.

Synthèse

Tartuffe se déclare

Personnages

▎ *L'entrée en scène retardée de Tartuffe*

L'entrée en scène de Tartuffe vient combler une longue attente. C'est le personnage principal ; depuis le début de la pièce, il est question de lui dans toutes les conversations et le spectateur sait déjà à qui il a affaire. Il est tel qu'on l'attendait, à la hauteur de sa réputation, et les signes hyperboliques de dévotion qu'il donne parce qu'il aperçoit Dorine font sourire (la haire et la discipline sont des instruments qui évoquent les mortifications les plus sévères). Mais Tartuffe l'imposteur laisse apercevoir sa faiblesse. Ce soi-disant ascète est un personnage libidineux, il frémit à l'évocation du sein de Dorine et l'attirance qu'il éprouve pour la personne d'Elmire le pousse à se révéler. Le dévot n'est pas un froid calculateur, mais un homme sensuel sujet aux emportements. Devant Elmire, son manque de perspicacité le perd. En face de lui, celle-ci se comporte en honnête femme et se montre habile. N'hésitant pas à lui proposer un chantage, elle est sur le point d'obtenir que Tartuffe renonce à Mariane.

Langage

▎ *Éloquence et comique*

La déclaration de Tartuffe est un morceau d'éloquence qui mérite que l'on s'y arrête. Il s'inscrit dans une tradition littéraire, philosophique et religieuse, mêlant le vocabulaire poétique conventionnel au vocabulaire galant. Les discours qu'il tient sont tout à fait ceux d'un homme du monde et sentent leur homme d'esprit. En effet, l'amour à cette époque s'exprimait de cette manière précieuse. Détournant le langage de la religion, il affirme que la beauté de la créature est un reflet de Dieu et un chemin vers Lui. Reprenant la tradition littéraire, il fait de la femme une déesse.

Synthèse Acte III

Le comique dans cet acte prend toutes les formes. Comique de mots, puisque Tartuffe fait appel au vocabulaire de la dévotion pour nourrir la galanterie. Comique de caractère : le dévot amoureux fait rire parce qu'il est prisonnier de son rôle, d'autant plus qu'Elmire feint longtemps de ne pas comprendre la déclaration qui lui est adressée. Comique de geste : Tartuffe « serre trop » Elmire et ses mains s'égarent. Comique de situation enfin : les retournements brusques se succèdent et Tartuffe va jusqu'à s'accuser de tous les crimes, pour mieux persuader Orgon de son innocence.

Société

L'honnêteté

Elmire est le parangon de l'honnête femme. Le mot « honnête » ne représente pas ici un jugement moral, il indique seulement qu'Elmire se situe dans une élite mondaine où règnent certaines mœurs et où s'imposent certains codes. L'honnêteté est l'idéal social du XVIIᵉ siècle ; il est lié à la notion de rang et de convenances, il est fondé sur l'acceptation de l'ordre social et familial. En ne dénonçant pas Tartuffe, Elmire ne se montre pas du tout désinvolte, elle se comporte selon les codes de sa classe. Son honnêteté se rit des déclarations déplacées et elle sait qu'elle ne doit pas troubler les oreilles de son mari avec cela. Quelques années plus tôt, on a critiqué le roman de Mme de Lafayette, *La Princesse de Clèves*, parce que l'héroïne confiait le secret de son amour contrarié à son mari. On a condamné l'aveu, considéré comme une erreur de conduite, plus durement que la passion éprouvée.

ACTE IV

Scène 1 CLÉANTE, TARTUFFE.

CLÉANTE

Oui, tout le monde en parle et, vous m'en pouvez croire,   1185
L'éclat[1] que fait ce bruit[2] n'est point à votre gloire ;
Et je vous ai trouvé, Monsieur, fort à propos
Pour vous en dire net ma pensée en deux mots.
Je n'examine point à fond ce qu'on expose ;
Je passe là-dessus et prends au pis la chose.   1190
Supposons que Damis n'en ait pas bien usé,
Et que ce soit à tort qu'on vous ait accusé :
N'est-il pas d'un chrétien de pardonner l'offense
Et d'éteindre en son cœur tout désir de vengeance ?
Et devez-vous souffrir, pour[3] votre démêlé,   1195
Que du logis d'un père un fils soit exilé ?
Je vous le dis encore et parle avec franchise,
Il n'est petit ni grand qui ne s'en scandalise ;
Et, si vous m'en croyez, vous pacifierez tout
Et ne pousserez point les affaires à bout.   1200
Sacrifiez à Dieu toute votre colère,
Et remettez le fils en grâce avec le père.

TARTUFFE

Hélas ! je le voudrais, quant à moi, de bon cœur :
Je ne garde pour lui, Monsieur, aucune aigreur ;
Je lui pardonne tout, de rien je ne le blâme   1205
Et voudrais le servir du meilleur de mon âme ;

---

1. **L'éclat :** le scandale.
2. **Bruit :** querelle.
3. **Pour :** à cause de.

Mais l'intérêt du Ciel n'y saurait consentir,
Et, s'il rentre céans, c'est à moi d'en sortir.
Après son action, qui n'eut jamais d'égale,
1210 Le commerce[1] entre nous porterait du scandale :
Dieu sait ce que d'abord tout le monde en croirait ;
À pure politique on me l'imputerait,
Et l'on dirait partout que, me sentant coupable,
Je feins pour qui m'accuse un zèle charitable[2] ;
1215 Que mon cœur l'appréhende et veut le ménager
Pour le pouvoir sous main au silence engager[3].

CLÉANTE

Vous nous payez ici d'excuses colorées,
Et toutes vos raisons, Monsieur, sont trop tirées[4] ;
Des intérêts du Ciel pourquoi vous chargez-vous ?
1220 Pour punir le coupable a-t-il besoin de nous ?
Laissez-lui, laissez-lui le soin de ses vengeances,
Ne songez qu'au pardon qu'il prescrit des offenses,
Et ne regardez point aux jugements humains
Quand vous suivez du Ciel les ordres souverains.
1225 Quoi ! le faible intérêt de ce qu'on pourra croire[5]
D'une bonne action empêchera la gloire ?
Non, non : faisons toujours ce que le Ciel prescrit,
Et d'aucun autre soin ne nous brouillons l'esprit.

TARTUFFE

Je vous ai déjà dit que mon cœur lui pardonne,
1230 Et c'est faire, Monsieur, ce que le Ciel ordonne ;
Mais après le scandale et l'affront d'aujourd'hui,
Le Ciel n'ordonne pas que je vive avec lui.

---

1. **Le commerce :** les relations.
2. **Charitable :** fondé sur la charité chrétienne.
3. **Pour... engager :** pour pouvoir, en sous main, l'engager au silence.
4. **Tirées :** tirées par les cheveux (familier).
5. **Le faible... croire :** le souci mesquin de l'opinion publique.

CLÉANTE

Et vous ordonne-t-il, Monsieur, d'ouvrir l'oreille
À ce qu'un pur caprice à son père conseille,
Et d'accepter le don qui vous est fait d'un bien   1235
Où[1] le droit vous oblige à ne prétendre rien ?

TARTUFFE

Ceux qui me connaîtront n'auront pas la pensée
Que ce soit un effet d'une âme intéressée.
Tous les biens de ce monde ont pour moi peu d'appas,
De leur éclat trompeur je ne m'éblouis pas ;   1240
Et si je me résous à recevoir du père
Cette donation qu'il a voulu me faire,
Ce n'est, à dire vrai, que parce que je crains
Que tout ce bien ne tombe en de méchantes mains,
Qu'il ne trouve des gens qui, l'ayant en partage,   1245
En fassent dans le monde un criminel usage,
Et ne s'en servent pas, ainsi que j'ai dessein,
Pour la gloire du Ciel et le bien du prochain.

CLÉANTE

Hé, Monsieur, n'ayez point ces délicates[2] craintes,
Qui d'un juste héritier peuvent causer les plaintes ;   1250
Souffrez, sans vous vouloir embarrasser de rien,
Qu'il soit à ses périls possesseur de son bien ;
Et songez qu'il vaut mieux encor qu'il en mésuse,
Que si de l'en frustrer il faut qu'on vous accuse.
J'admire[3] seulement que sans confusion   1255
Vous en ayez souffert la proposition ;
Car enfin le vrai zèle a-t-il quelque maxime
Qui montre à dépouiller l'héritier légitime ?
Et s'il faut que le Ciel dans votre cœur ait mis
Un invincible obstacle à vivre avec Damis,   1260

---

1. **Où** : sur lequel.
2. **Délicates** : excessivement scrupuleuses (ironique).
3. **J'admire** : je m'étonne.

117

Ne vaudrait-il pas mieux qu'en personne discrète
Vous fissiez de céans une honnête retraite,
Que de souffrir ainsi, contre toute raison,
Qu'on en chasse pour vous le fils de la maison ?
1265 Croyez-moi, c'est donner de votre prud'homie[1],
Monsieur…

TARTUFFE

Il est, Monsieur, trois heures et demie :
Certain devoir pieux me demande là-haut,
Et vous m'excuserez de vous quitter sitôt.

CLÉANTE

Ah !

Scène 2 ELMIRE, MARIANE,
DORINE, CLÉANTE.

DORINE

De grâce, avec nous employez-vous pour elle,
1270 Monsieur : son âme souffre une douleur mortelle ;
Et l'accord que son père a conclu pour ce soir
La fait, à tous moments, entrer en désespoir.
Il va venir. Joignons nos efforts, je vous prie,
Et tâchons d'ébranler, de force ou d'industrie[2],
1275 Ce malheureux dessein qui nous a tous troublés.

---

1. **Prud'homie :** probité, honnêteté.
2. **D'industrie :** par adresse, par ruse.

Scène 3 Orgon, Elmire, Mariane, Cléante, Dorine.

Orgon

Ha ! je me réjouis de vous voir assemblés :
(*À Mariane.*)
Je porte en ce contrat[1] de quoi vous faire rire,
Et vous savez déjà ce que cela veut dire.

Mariane, *à genoux.*

Mon père, au nom du Ciel, qui connaît ma douleur,
Et par tout ce qui peut émouvoir votre cœur,   1280
Relâchez-vous un peu des droits de la naissance[2],
Et dispensez mes vœux[3] de cette obéissance ;
Ne me réduisez point par cette dure loi
Jusqu'à me plaindre au Ciel de ce que je vous doi[4],
Et cette vie, hélas ! que vous m'avez donnée,   1285
Ne me la rendez pas, mon père, infortunée.
Si, contre un doux espoir que j'avais pu former,
Vous me défendez d'être à ce[5] que j'ose aimer,
Au moins, par vos bontés, qu'à vos genoux j'implore,
Sauvez-moi du tourment d'être à ce que j'abhorre,   1290
Et ne me portez point à quelque désespoir,
En vous servant sur moi de tout votre pouvoir.

Orgon, *se sentant attendrir.*

Allons, ferme, mon cœur, point de faiblesse humaine.

---

1. **En ce contrat :** le contrat de mariage de Mariane et Tartuffe.
2. **Droits de la naissance :** autorité paternelle.
3. **Mes vœux :** mon inclination pour Valère.
4. **Je vous doi :** je vous dois (ancienne orthographe étymologique et
   licence poétique qui permet de respecter la rime pour l'œil).
5. **Ce :** celui.

MARIANE

Vos tendresses pour lui ne me font point de peine ;
1295 Faites-les éclater, donnez-lui votre bien,
Et, si ce n'est assez, joignez-y tout le mien :
J'y consens de bon cœur, et je vous l'abandonne ;
Mais au moins n'allez pas jusques à ma personne,
Et souffrez qu'un convent[1] dans les austérités
1300 Use les tristes jours que le Ciel m'a comptés.

ORGON

Ah ! voilà justement de mes religieuses,
Lorsqu'un père combat leurs flammes amoureuses !
Debout ! Plus votre cœur répugne à l'accepter,
Plus ce sera pour vous matière à mériter[2] :
1305 Mortifiez vos sens avec ce mariage,
Et ne me rompez pas la tête davantage.

DORINE

Mais quoi… ?

ORGON

      Taisez-vous, vous ; parlez à votre écot[3] ;
Je vous défends tout net d'oser dire un seul mot.

CLÉANTE

Si par quelque conseil vous souffrez qu'on réponde…

ORGON

1310 Mon frère, vos conseils sont les meilleurs du monde,
Ils sont bien raisonnés, et j'en fais un grand cas ;
Mais vous trouverez bon que je n'en use pas.

---

1. **Convent :** couvent (ancienne orthographe étymologique).
2. **Mériter :** gagner des mérites en vue du bonheur éternel (terme religieux).
3. **Parlez à votre écot :** mêlez-vous de vos affaires.

ELMIRE, *à son mari.*

À voir ce que je vois, je ne sais plus que dire,
Et votre aveuglement fait que je vous admire :
C'est être bien coiffé, bien prévenu de lui[1],   1315
Que de nous démentir sur le fait d'aujourd'hui.

ORGON

Je suis votre valet, et crois les apparences.
Pour mon fripon de fils je sais vos complaisances
Et vous avez eu peur de le désavouer
Du trait[2] qu'à ce pauvre homme il a voulu jouer ;   1320
Vous étiez trop tranquille enfin pour être crue
Et vous auriez paru d'autre manière émue.

ELMIRE

Est-ce qu'au simple aveu d'un amoureux transport
Il faut que notre honneur se gendarme si fort ?
Et ne peut-on répondre à tout ce qui le touche   1325
Que le feu dans les yeux et l'injure à la bouche ?
Pour moi, de tels propos je me ris simplement,
Et l'éclat là-dessus ne me plaît nullement ;
J'aime qu'avec douceur nous nous montrions sages,
Et ne suis point du tout pour ces prudes sauvages   1330
Dont l'honneur est armé de griffes et de dents,
Et veut au moindre mot dévisager[3] les gens :
Me préserve le Ciel d'une telle sagesse !
Je veux une vertu qui ne soit point diablesse,
Et crois que d'un refus la discrète froideur   1335
N'en est pas moins puissante à rebuter un cœur.

ORGON

Enfin je sais l'affaire et ne prends point le change[4].

---

1. **De lui :** en sa faveur.
2. **Trait :** mauvais tour.
3. **Dévisager :** défigurer.
4. **Prendre le change :** suivre une fausse piste, se tromper.

ELMIRE

J'admire, encore un coup, cette faiblesse étrange.
Mais que me répondrait votre incrédulité
1340 Si je vous faisais voir qu'on vous dit vérité ?

ORGON

Voir ?

ELMIRE

    Oui.

ORGON

      Chansons.

ELMIRE

              Mais quoi ? si je trouvais manière
De vous le faire voir avec pleine lumière ?

ORGON

Contes en l'air.

ELMIRE

           Quel homme ! Au moins répondez-moi.
Je ne vous parle pas de nous ajouter foi ;
1345 Mais supposons ici que, d'un lieu qu'on peut prendre,
On vous fît clairement tout voir et tout entendre,
Que diriez-vous alors de votre homme de bien ?

ORGON

En ce cas, je dirais que… Je ne dirais rien,
Car cela ne se peut.

ELMIRE

             L'erreur trop longtemps dure,
1350 Et c'est trop condamner ma bouche[1] d'imposture.
Il faut que par plaisir[2], et sans aller plus loin,
De tout ce qu'on vous dit je vous fasse témoin.

---

1. **Condamner ma bouche :** accuser mes propos.
2. **Par plaisir :** pour le mettre à l'épreuve.

ORGON

Soit : je vous prends au mot. Nous verrons votre adresse,
Et comment vous pourrez remplir cette promesse.

ELMIRE

Faites-le moi venir.   1355

DORINE

Son esprit est rusé,
Et peut-être à surprendre il sera malaisé.

ELMIRE

Non ; on est aisément dupé par ce qu'on aime.
Et l'amour-propre engage à se tromper soi-même.
Faites-le moi descendre.
(Parlant à Cléante et à Mariane.)
Et vous, retirez-vous.

Scène 4 ELMIRE, ORGON.

ELMIRE

Approchons cette table, et vous mettez dessous.   1360

ORGON

Comment ?

ELMIRE

Vous bien cacher est un point nécessaire.

ORGON

Pourquoi sous cette table ?

ELMIRE

Ah, mon Dieu ! laissez faire :
J'ai mon dessein en tête, et vous en jugerez.
Mettez-vous là, vous dis-je ; et quand vous y serez,
Gardez[1] qu'on ne vous voie et qu'on ne vous entende.   1365

---

1. **Gardez :** évitez.

ORGON

Je confesse qu'ici ma complaisance est grande ;
Mais de votre entreprise il vous faut voir sortir.

ELMIRE

Vous n'aurez, que je crois[1], rien à me repartir.
(À son mari qui est sous la table.)
Au moins, je vais toucher une étrange matière[2] :

1370 Ne vous scandalisez en aucune manière.
Quoi que je puisse dire, il[3] doit m'être permis,
Et c'est pour vous convaincre, ainsi que j'ai promis.
Je vais par des douceurs, puisque j'y suis réduite,
Faire poser le masque à cette âme hypocrite,

1375 Flatter de son amour les désirs effrontés,
Et donner un champ libre à ses témérités.
Comme c'est pour vous seul, et pour mieux le confondre,
Que mon âme à ses vœux va feindre de répondre,
J'aurai lieu de cesser dès que vous vous rendrez[4],

1380 Et les choses n'iront que jusqu'où vous voudrez.
C'est à vous d'arrêter son ardeur insensée,
Quand vous croirez l'affaire assez avant poussée,
D'épargner votre femme, et de ne m'exposer
Qu'à ce qu'il vous faudra pour vous désabuser :

1385 Ce sont vos intérêts ; vous en serez le maître,
Et… L'on vient. Tenez-vous, et gardez de paraître.

---

1. **Que je crois :** à ce que je crois.
2. **Matière :** sujet.
3. **Il :** cela.
4. **Vous vous rendrez :** vous serez convaincu.

Clefs d'analyse

Acte IV, scène 3.

Compréhension

Une famille déchirée

- Relever les mots et expressions qui traduisent la dureté de cœur et l'intransigeance aveugle d'Orgon face à sa famille.
- Remarquer l'ordre dans lequel les membres de la famille s'adressent à Orgon et observer la longueur des répliques. Qu'en conclure quant à l'influence de chacun sur Orgon ?
- Relever le champ lexical de la supplication dans les deux répliques de Mariane.
- Examiner le vocabulaire de la juste mesure et de la dignité dans les propos d'Elmire.

Explication

La supplique de Mariane

- Montrer que Mariane reste jusqu'au bout respectueuse envers son père.
- Montrer que l'intervention de Mariane a des intonations tragiques. L'opposer au désespoir feint de Tartuffe (III, 7).

Une épouse honnête

- Exposer en quoi le point de vue d'Elmire, qui prône la discrétion, n'a rien de commun avec l'apologie de l'hypocrisie selon Tartuffe (III, 3).

Un père inflexible

- Montrer ce qu'a d'insupportable, et même de sadique, l'attitude d'Orgon face à sa fille.

À retenir :

Le conflit se radicalise. La question du mariage de Mariane qui semblait écartée après la déclaration de Tartuffe à Elmire est au contraire plus présente que jamais. Orgon n'évolue que dans le sens du pire. L'influence de Tartuffe est ici à son comble : il subjugue le père, il a fait chasser le fils, il courtise la femme et va épouser la fille. Seule Elmire se trouve encore en situation de lutter.

Scène 5 Tartuffe, Elmire, Orgon

TARTUFFE

On m'a dit qu'en ce lieu vous me vouliez parler.

ELMIRE

Oui. L'on a des secrets à vous y révéler.
Mais tirez cette porte avant qu'on vous les dise,
1390 Et regardez partout de crainte de surprise.
Une affaire pareille à celle de tantôt
N'est pas assurément ici ce qu'il nous faut.
Jamais il ne s'est vu de surprise de même[1] ;
Damis m'a fait pour vous une frayeur extrême,
1395 Et vous avez bien vu que j'ai fait mes efforts
Pour rompre son dessein et calmer ses transports.
Mon trouble, il est bien vrai, m'a si fort possédée,
Que de le démentir je n'ai point eu l'idée ;
Mais par là, grâce au Ciel, tout a bien mieux été,
1400 Et les choses en sont dans plus de sûreté.
L'estime où l'on vous tient a dissipé l'orage,
Et mon mari de vous ne peut prendre d'ombrage.
Pour mieux braver l'éclat des mauvais jugements,
Il veut que nous soyons ensemble à tous moments ;
1405 Et c'est par où[2] je puis, sans peur d'être blâmée,
Me trouver ici seule avec vous enfermée,
Et ce qui m'autorise à vous ouvrir un cœur
Un peu trop prompt peut-être à souffrir votre ardeur.

TARTUFFE

Ce langage à comprendre est assez difficile,
1410 Madame, et vous parliez tantôt d'un autre style.

ELMIRE

Ah ! si d'un tel refus vous êtes en courroux,
Que le cœur d'une femme est mal connu de vous !

---

1. **De même** : pareille.
2. **Par où** : pourquoi.

Et que vous savez peu ce qu'il veut faire entendre
Lorsque si faiblement on le voit se défendre !
Toujours notre pudeur combat dans ces moments   1415
Ce qu'on peut nous donner de tendres sentiments[1].
Quelque raison qu'on trouve à l'amour qui nous dompte,
On trouve à l'avouer toujours un peu de honte ;
On s'en défend d'abord ; mais de l'air qu'on s'y prend
On fait connaître assez que notre cœur se rend,   1420
Qu'à nos vœux par honneur notre bouche s'oppose,
Et que de tels refus promettent toute chose.
C'est vous faire sans doute un assez libre aveu,
Et sur notre pudeur me ménager bien peu[2] ;
Mais puisque la parole enfin en est lâchée,   1425
À retenir Damis me serais-je attachée,
Aurais-je, je vous prie, avec tant de douceur
Écouté tout au long l'offre de votre cœur,
Aurais-je pris la chose ainsi qu'on m'a vu faire,
Si l'offre de ce cœur n'eût eu de quoi me plaire ?   1430
Et lorsque j'ai voulu moi-même vous forcer
À refuser l'hymen qu'on venait d'annoncer,
Qu'est-ce que cette instance a dû vous faire entendre,
Que[3] l'intérêt qu'en vous on s'avise de prendre,
Et l'ennui qu'on aurait que ce nœud qu'on résout[4]   1435
Vînt partager du moins un cœur que l'on veut tout[5] ?

TARTUFFE

C'est sans doute, Madame, une douceur extrême
Que d'entendre ces mots d'une bouche qu'on aime :
Leur miel dans tous mes sens fait couler à longs traits
Une suavité qu'on ne goûta jamais.   1440
Le bonheur de vous plaire est ma suprême étude,

---

1. **Ce qu'on… sentiments :** les tendres sentiments qu'on peut nous inspirer.
2. **Et sur… bien peu :** c'est montrer bien peu de pudeur.
3. **Que :** si ce n'est.
4. **Ce nœud qu'on résout :** ce mariage qu'on décide.
5. **Tout :** tout entier.

Et mon cœur de vos vœux fait sa béatitude[1] ;
Mais ce cœur vous demande ici la liberté
D'oser douter un peu de sa félicité.
1445 Je puis croire ces mots un artifice honnête
Pour m'obliger à rompre un hymen qui s'apprête ;
Et s'il faut librement m'expliquer avec vous,
Je ne me fierai point à des propos si doux,
Qu'un peu[2] de vos faveurs, après quoi je soupire,
1450 Ne vienne m'assurer tout ce qu'ils m'ont pu dire,
Et planter dans mon âme une constante foi
Des charmantes bontés que vous avez pour moi.

      ELMIRE. *(Elle tousse pour avertir son mari.)*
Quoi ? vous voulez aller avec cette vitesse,
Et d'un cœur tout d'abord épuiser la tendresse ?
1455 On se tue à vous faire un aveu des plus doux ;
Cependant ce n'est pas encore assez pour vous,
Et l'on ne peut aller jusqu'à vous satisfaire,
Qu'aux[3] dernières faveurs on ne pousse l'affaire ?

      TARTUFFE
Moins on mérite un bien, moins on l'ose espérer.
1460 Nos vœux sur des discours ont peine à s'assurer.
On soupçonne[4] aisément un sort tout plein de gloire,
Et l'on veut en jouir avant que de le croire.
Pour moi, qui crois si peu mériter vos bontés,
Je doute du bonheur de mes témérités ;
1465 Et je ne croirai rien, que vous n'ayez, Madame,
Par des réalités[5] su convaincre ma flamme.

---

1. **Béatitude :** bonheur promis par Dieu (terme religieux, comme *félicité*).
2. **Qu'un peu :** à moins que.
3. **Qu'aux :** à moins que.
4. **Soupçonne :** met en doute.
5. **Des réalités :** la réalisation concrète du désir.

ELMIRE

Mon Dieu, que votre amour en vrai tyran agit,
Et qu'en un trouble étrange il me jette l'esprit !
Que sur les cœurs il prend un furieux empire,
Et qu'avec violence il veut ce qu'il désire !
Quoi ? de votre poursuite on ne peut se parer[1],   1470
Et vous ne donnez pas le temps de respirer ?
Sied-il bien de tenir une rigueur si grande,
De vouloir sans quartier[2] les choses qu'on demande,
Et d'abuser ainsi par vos efforts pressants   1475
Du faible que pour vous vous voyez qu'ont les gens ?

TARTUFFE

Mais si d'un œil bénin vous voyez mes hommages,
Pourquoi m'en refuser d'assurés témoignages ?

ELMIRE

Mais comment consentir à ce que vous voulez,
Sans offenser le Ciel, dont toujours vous parlez ?   1480

TARTUFFE

Si ce n'est que le Ciel qu'à mes vœux on oppose,
Lever un tel obstacle est à[3] moi peu de chose,
Et cela ne doit pas retenir votre cœur.

ELMIRE

Mais des arrêts du Ciel on nous fait tant de peur !

TARTUFFE

Je puis vous dissiper ces craintes ridicules,   1485
Madame, et je sais l'art de lever les scrupules.
Le Ciel défend, de vrai, certains contentements ;
(C'est un scélérat qui parle.)
Mais on trouve avec lui des accommodements ;
Selon divers besoins, il est une science
D'étendre les liens de notre conscience   1490

---

1. **Se parer :** se garder, se protéger (terme d'escrime).
2. **Sans quartier :** sans faire grâce de rien.
3. **À :** pour.

Et de rectifier le mal de l'action
Avec la pureté de notre intention.
De ces secrets, Madame, on saura vous instruire ;
Vous n'avez seulement qu'à vous laisser conduire.
1495 Contentez mon désir, et n'ayez point d'effroi :
Je vous réponds de tout, et prends le mal sur moi.
Vous toussez fort, Madame.

ELMIRE

Oui, je suis au supplice.

TARTUFFE

Vous plaît-il un morceau de ce jus de réglisse ?

ELMIRE

C'est un rhume obstiné, sans doute et je vois bien
1500 Que tous les jus du monde ici ne feront rien.

TARTUFFE

Cela certe[1] est fâcheux.

ELMIRE

Oui, plus qu'on ne peut dire.

TARTUFFE

Enfin votre scrupule est facile à détruire :
Vous êtes assurée ici d'un plein secret,
Et le mal n'est jamais que dans l'éclat qu'on fait ;
1505 Le scandale du monde est ce qui fait l'offense,
Et ce n'est pas pécher que pécher en silence.

ELMIRE, *après avoir encore toussé.*

Enfin je vois qu'il faut se résoudre à céder,
Qu'il faut que je consente à vous tout accorder,
Et qu'à moins de cela je ne dois point prétendre
1510 Qu'on puisse être content, et qu'on veuille se rendre.
Sans doute il est fâcheux d'en venir jusque-là,
Et c'est bien malgré moi que je franchis cela ;

---

1. **Certe :** certes (orthographe archaïsante acceptée en poésie qui permet de ne pas compter le *e* muet de « certes »).

Mais puisque l'on s'obstine à m'y vouloir réduire,
Puisqu'on ne veut point croire à tout ce qu'on peut dire,
Et qu'on veut des témoins qui soient plus convaincants,   1515
Il faut bien s'y résoudre, et contenter les gens.
Si ce consentement porte en soi quelque offense,
Tant pis pour qui me force à cette violence ;
La faute assurément n'en doit pas être à moi.

TARTUFFE

Oui, Madame, on s'en charge ; et la chose de soi…   1520

ELMIRE

Ouvrez un peu la porte, et voyez, je vous prie,
Si mon mari n'est point dans cette galerie.

TARTUFFE

Qu'est-il besoin pour lui du soin que vous prenez ?
C'est un homme, entre nous, à mener par le nez ;
De tous nos entretiens il est pour faire gloire[1],   1525
Et je l'ai mis au point de voir tout sans rien croire.

ELMIRE

Il n'importe : sortez, je vous prie, un moment,
Et partout là dehors voyez exactement.

Scène 6 <small>ORGON, ELMIRE.</small>

ORGON, *sortant de dessous la table.*

Voilà, je vous l'avoue, un abominable homme !
Je n'en puis revenir, et tout ceci m'assomme[2].   1530

ELMIRE

Quoi ? vous sortez si tôt ? vous vous moquez des gens.
Rentrez sous le tapis, il n'est pas encor temps ;

---

1. **Il est pour faire gloire :** il est homme à se vanter.
2. **M'assomme :** m'accable.

Clefs d'analyse

Acte IV, scène 5.

Compréhension

▌ *Elmire hypocrite pour la bonne cause*

- Relever les vers où elle joue le rôle de la femme séduite.
- Relever parmi ses arguments ceux qui semblent aller dans le sens de l'hypocrisie.

▌ *Tartuffe casuiste, manipulateur de la religion*

- Relever les passages où Tartuffe expose comment on peut composer avec le Ciel.

Explication

▌ *Elmire, femme d'initiative*

- Étudier les moyens qu'Elmire utilise pour tromper Tartuffe. Montrer en quoi ils sont audacieux.
- Montrer que ses propos s'adressent autant à Orgon qu'à Tartuffe.

▌ *L'imposteur pris au piège*

- Montrer que si Orgon comprend enfin qui est le vrai Tartuffe, c'est parce que ce dernier ne joue plus double jeu.

À retenir :

Au théâtre, les acteurs s'adressent autant aux spectateurs qu'aux autres acteurs. Dans cette scène, cette double communication est encore compliquée par la présence d'Orgon caché sous la table. Elmire souligne ses propos à l'attention d'Orgon en toussant car ils sont destinés à lui rendre sa lucidité au sujet de Tartuffe. Les paroles d'Elmire sont donc souvent à double sens. Tartuffe croit rassurer Elmire alors qu'il ne fait que se trahir lui-même aux yeux d'Orgon. Cette scène, la plus forte de la pièce, avait de quoi choquer les bienséances du XVIIe siècle par les propositions directes qu'y formule Tartuffe et par la position ridicule dans laquelle se trouve Orgon, le mari bafoué. (Au XVIIe siècle, on est encore loin du théâtre de boulevard comme Labiche ou Feydeau le pratiqueront à la fin du XIXe siècle.)

Attendez jusqu'au bout pour voir les choses sûres,
Et ne vous fiez point aux simples conjectures.

ORGON

Non, rien de plus méchant n'est sorti de l'enfer.   1535

ELMIRE

Mon Dieu ! l'on ne doit point croire trop de léger[1].
Laissez-vous bien convaincre avant que de vous rendre,
Et ne vous hâtez point, de peur de vous méprendre.
(Elle fait mettre son mari derrière elle.)

Scène 7 TARTUFFE, ELMIRE, ORGON.

TARTUFFE

Tout conspire, Madame, à mon contentement :
J'ai visité de l'œil tout cet appartement ;   1540
Personne ne s'y trouve ; et mon âme ravie…

ORGON, *en l'arrêtant.*

Tout doux ! vous suivez trop votre amoureuse envie,
Et vous ne devez pas vous tant passionner.
Ah ! ah ! l'homme de bien, vous m'en voulez donner[2] !
Comme aux tentations[3] s'abandonne votre âme !   1545
Vous épousiez ma fille, et convoitiez ma femme !
J'ai douté fort longtemps que ce fût tout de bon,
Et je croyais toujours qu'on changerait de ton ;
Mais c'est assez avant pousser le témoignage :
Je m'y tiens, et n'en veux, pour moi, pas davantage.   1550

---

1. **De léger :** à la légère.
2. **Vous m'en voulez donner :** vous voulez me tromper.
3. **Tentations :** prononcer en quatre syllabes (diérèse).

ELMIRE, *à Tartuffe.*

C'est contre mon humeur que j'ai fait tout ceci :
Mais on m'a mise au point de[1] vous traiter ainsi.

TARTUFFE

Quoi ? vous croyez… ?

ORGON

Allons, point de bruit, je vous prie,
Dénichons[2] de céans, et sans cérémonie.

TARTUFFE

1555 Mon dessein…

ORGON

Ces discours ne sont plus de saison !
Il faut, tout sur-le-champ, sortir de la maison.

TARTUFFE

C'est à vous d'en sortir, vous qui parlez en maître :
La maison m'appartient, je le ferai connaître,
Et vous montrerai bien qu'en vain on a recours,
1560 Pour me chercher querelle, à ces lâches détours,
Qu'on n'est pas où l'on pense[3] en me faisant injure,
Que j'ai de quoi confondre et punir l'imposture,
Venger le Ciel qu'on blesse, et faire repentir
Ceux qui parlent ici de me faire sortir.

---

1. **On m'a mise au point de :** on m'a contrainte à.
2. **Dénichons :** allez-vous-en (tournure familière).
3. **Où l'on pense :** dans la position que l'on croit.

Scène 8 ELMIRE, ORGON.

ELMIRE

Quel est donc ce langage ? et qu'est-ce qu'il veut dire ?   1565

ORGON

Ma foi, je suis confus, et n'ai pas lieu de rire.

ELMIRE

Comment ?

ORGON

Je vois ma faute aux choses qu'il me dit,
Et la donation[1] m'embarrasse l'esprit.

ELMIRE

La donation…

ORGON

Oui, c'est une affaire faite.
Mais j'ai quelque autre chose encor qui m'inquiète.   1570

ELMIRE

Et quoi ?

ORGON

Vous saurez tout. Mais voyons au plus tôt
Si certaine cassette est encore là-haut.

---

1. **Donation** : prononcer en quatre syllabes (en faisant la diérèse).

Synthèse

De la comédie au drame

Personnages

Tartuffe démasqué

Le désespoir vrai et touchant de Mariane s'exprime en vers lyriques qui évoquent les accents d'Iphigénie dans la pièce de Racine. Molière insiste sur la pureté d'Elmire. C'est elle qui prend l'initiative quand toutes les tentatives ont échoué. Rusée, elle est capable de jouer la coquette et de dresser un guet-apens. Elle sait flatter chez le faux dévot la sensualité et l'amour-propre. Tartuffe n'a jamais été aussi sûr de sa victoire qu'au moment où il se trahit. Tartuffe est démasqué, il a tenté de séduire la femme d'Orgon, il est pris sur le fait. Cependant il n'avoue jamais sa fausse dévotion et continue jusqu'à la fin de la pièce à se réclamer du Ciel. Orgon accepte de tendre un piège et de se cacher sous la table. Ce stratagème est nécessaire pour détromper la dupe de Tartuffe, car Orgon ne croit que ce qu'il voit et ce qu'il entend et n'accorde aucun crédit aux témoignages des membres de sa famille (comme fera Mme Pernelle dans l'acte V). On peut noter qu'Orgon met un certain temps à intervenir et ne quitte sa cachette que lorsqu'il est directement mis en cause et que son protégé le traite de sot.

Langage

Le théâtre dans le théâtre

Du registre de la tragédie, la pièce revient au registre de la farce avec le mari caché sous la table pour surprendre le galant de sa femme. Il est en position d'écouter une conversation qui l'exclut. La situation de communication qui s'instaure alors est tout à fait remarquable. En effet, l'actrice qui incarne Elmire pour le public doit jouer une femme qui joue la comédie ; c'est une scène de théâtre dans le théâtre. C'est pour Orgon qu'elle joue la comédie de la coquetterie à Tartuffe. Ses paroles s'adressent à deux interlocuteurs différents pour lesquels les phrases prononcées n'ont pas le même sens. Quand elle tousse, c'est un signal qu'elle envoie à son mari, pour lui signifier que le jeu a assez duré. Le spectateur rit du comique de situation, il en sait plus que Tartuffe, il voit le piège se refermer sur le dévot qui, pour sa part, ne le soupçonne pas.

Société

La direction d'intention

Tartuffe sait mettre la théologie au service de ses desseins en pratiquant la casuistique (ou restriction mentale). Il explique à Elmire qu'il est passé maître dans l'art de « lever les scrupules » (scène 5, v. 1485-1496). Il présente la dévotion comme un moyen de satisfaire ses besoins terrestres (v. 1502-1506). On reconnaît la direction d'intention telle que Pascal l'expose dans *Les Provinciales* : « On peut jurer qu'on n'a pas fait une chose, quoiqu'on l'ait faite effectivement, en entendant en soi-même qu'on ne l'a pas faite un certain jour, ou avant qu'on fût né ou en sous-entendant quelque autre circonstance pareille. »

Dans la scène hardie entre Elmire et Tartuffe qui risque de choquer les bienséances, on peut dire qu'Elmire se livre à cette gymnastique mentale car, tout en opérant une séduction mensongère, elle affirme que son intention est totalement bonne. Elle multiplie les précautions oratoires, revendiquant plusieurs fois son innocence et rejetant toute la responsabilité sur Orgon. Ce faisant, elle lui impose d'assumer son rôle de père et de chef de famille.

ACTE V

Scène 1 Orgon, Cléante.

Cléante

Où voulez-vous courir ?

Orgon

Las ! que sais-je ?

Cléante

Il me semble
Que l'on doit commencer par consulter[1] ensemble
1575 Les choses qu'on peut faire en cet événement.

Orgon

Cette cassette-là me trouble entièrement ;
Plus que le reste encore elle me désespère.

Cléante

Cette cassette est donc un important mystère ?

Orgon

C'est un dépôt qu'Argas, cet ami que je plains,
1580 Lui-même, en grand secret, m'a mis entre les mains :
Pour cela, dans sa fuite, il me voulut élire[2] ;
Et ce sont des papiers, à ce qu'il m'a pu dire,
Où sa vie et ses biens se trouvent attachés.

Cléante

Pourquoi donc les avoir en d'autres mains lâchés ?

---

1. **Consulter** : discuter, délibérer.
2. **Élire** : choisir.

ORGON

Ce fut par un motif de cas de conscience :
J'allai droit à mon traître en faire confidence ;   1585
Et son raisonnement me vint persuader
De lui donner plutôt la cassette à garder,
Afin que, pour nier, en cas de quelque enquête,
J'eusse d'un faux-fuyant la faveur toute prête,
Par où ma conscience eût pleine sûreté   1590
À faire des serments contre la vérité.

CLÉANTE

Vous voilà mal, au moins si j'en crois l'apparence ;
Et la donation, et cette confidence,
Sont, à vous en parler selon mon sentiment,
Des démarches par vous faites légèrement.   1595
On peut vous mener loin avec de pareils gages ;
Et cet homme sur vous ayant ces avantages,
Le pousser[1] est encor grande imprudence à vous,
Et vous deviez[2] chercher quelque biais plus doux.   1600

ORGON

Quoi ? sous un beau semblant de ferveur si touchante
Cacher un cœur si double, une âme si méchante !
Et moi qui l'ai reçu gueusant[3] et n'ayant rien...
C'en est fait, je renonce à tous les gens de bien :
J'en aurai désormais une horreur effroyable.   1605
Et m'en vais devenir pour eux pire qu'un diable.

CLÉANTE

Hé bien ! ne voilà pas de vos emportements !
Vous ne gardez en rien les doux tempéraments[4] ;
Dans la droite raison jamais n'entre la vôtre,
Et toujours d'un excès vous vous jetez dans l'autre.   1610

---

1. **Pousser :** pousser à bout.
2. **Deviez :** auriez dû.
3. **Gueusant :** mendiant.
4. **Doux tempéraments :** juste mesure, juste milieu.

Vous voyez votre erreur, et vous avez connu[1]
Que par un zèle feint vous étiez prévenu[2] ;
Mais pour vous corriger, quelle raison demande
Que vous alliez passer dans une erreur plus grande,
1615 Et qu'avecque le cœur d'un perfide vaurien
Vous confondiez les cœurs de tous les gens de bien ?
Quoi ? parce qu'un fripon vous dupe avec audace
Sous le pompeux éclat d'une austère grimace[3],
Vous voulez que partout on soit fait comme lui,
1620 Et qu'aucun vrai dévot ne se trouve aujourd'hui ?
Laissez aux libertins ces sottes conséquences ;
Démêlez la vertu d'avec ses apparences,
Ne hasardez jamais votre estime trop tôt,
Et soyez pour cela dans le milieu qu'il faut :
1625 Gardez-vous, s'il se peut, d'honorer l'imposture,
Mais au vrai zèle aussi n'allez pas faire injure ;
Et s'il vous faut tomber dans une extrémité,
Péchez plutôt encor de cet autre côté.

---

1. **Connu :** reconnu.
2. **Prévenu :** abusé.
3. **Austère grimace :** feinte austérité, fausse démonstration d'austérité.

Scène 2 — DAMIS, ORGON, CLÉANTE.

DAMIS

Quoi ? mon père, est-il vrai qu'un coquin vous menace ?
Qu'il n'est point de bienfait qu'en son âme il n'efface,   1630
Et que son lâche orgueil, trop digne de courroux,
Se fait de vos bontés des armes contre vous ?

ORGON

Oui, mon fils, et j'en sens des douleurs non pareilles.

DAMIS

Laissez-moi, je lui veux couper les deux oreilles ;
Contre son insolence on ne doit point gauchir[1],   1635
C'est à moi, tout d'un coup, de vous en affranchir,
Et pour sortir d'affaire, il faut que je l'assomme.

CLÉANTE

Voilà tout justement parler en vrai jeune homme.
Modérez, s'il vous plaît, ces transports éclatants :
Nous vivons sous un règne et sommes dans un temps   1640
Où par la violence on fait mal ses affaires.

---

1. **Gauchir :** chercher des détours.

Scène 3 MADAME PERNELLE,
MARIANE, ELMIRE, DORINE,
DAMIS, ORGON, CLÉANTE.

MADAME PERNELLE

Qu'est-ce ? J'apprends ici de terribles mystères.

ORGON

Ce sont des nouveautés dont mes yeux sont témoins,
Et vous voyez le prix dont sont payés mes soins.
1645 Je recueille avec zèle un homme en sa misère,
Je le loge, et le tiens comme mon propre frère ;
De bienfaits chaque jour il est par moi chargé ;
Je lui donne ma fille et tout le bien que j'ai ;
Et, dans le même temps, le perfide, l'infâme,
1650 Tente le noir dessein de suborner[1] ma femme,
Et non content encor de ces lâches essais,
Il m'ose menacer de mes propres bienfaits,
Et veut, à ma ruine, user des avantages
Dont le viennent d'armer mes bontés trop peu sages,
1655 Me chasser de mes biens, où je l'ai transféré[2],
Et me réduire au point d'où je l'ai retiré.

DORINE

Le pauvre homme !

MADAME PERNELLE

      Mon fils, je ne puis du tout croire
Qu'il ait voulu commettre une action si noire.

ORGON

Comment ?

---

1. **Suborner :** séduire.
2. **Où je l'ai transféré :** dont je l'ai fait propriétaire.

MADAME PERNELLE

Les gens de bien sont enviés toujours.

ORGON

Que voulez-vous donc dire avec votre discours,   1660
Ma mère ?

MADAME PERNELLE

Que chez vous on vit d'étrange sorte,
Et qu'on ne sait que trop la haine qu'on lui porte.

ORGON

Qu'a cette haine à faire avec ce qu'on vous dit ?

MADAME PERNELLE

Je vous l'ai dit cent fois quand vous étiez petit :
La vertu dans le monde est toujours poursuivie ;   1665
Les envieux mourront, mais non jamais l'envie.

ORGON

Mais que fait[1] ce discours aux choses d'aujourd'hui ?

MADAME PERNELLE

On vous aura forgé cent sots contes de lui.

ORGON

Je vous ai déjà dit que j'ai vu tout moi-même.

MADAME PERNELLE

Des esprits médisants la malice est extrême.   1670

ORGON

Vous me feriez damner, ma mère. Je vous di[2]
Que j'ai vu de mes yeux un crime si hardi.

MADAME PERNELLE

Les langues ont toujours du venin à répandre,
Et rien n'est ici-bas qui s'en puisse défendre.

---

1. **Que fait :** quel rapport a.
2. **Je vous di :** je vous dis (ancienne orthographe étymologique et licence poétique qui permet de respecter la rime pour l'œil).

ORGON

1675 C'est tenir un propos de sens bien dépourvu.
Je l'ai vu, dis-je, vu, de mes propres yeux vu,
Ce qu'on appelle vu : faut-il vous le rebattre[1]
Aux oreilles cent fois, et crier comme quatre ?

MADAME PERNELLE

Mon Dieu, le plus souvent l'apparence déçoit[2] :
1680 Il ne faut pas toujours juger sur ce qu'on voit.

ORGON

J'enrage.

MADAME PERNELLE

       Aux faux soupçons la nature est sujette,
Et c'est souvent à mal que le bien s'interprète.

ORGON

Je dois interpréter à charitable soin
Le désir d'embrasser ma femme ?

MADAME PERNELLE

                    Il est besoin,
1685 Pour accuser les gens, d'avoir de justes causes ;
Et vous deviez attendre à[3] vous voir sûr des choses.

ORGON

Hé, diantre ! le moyen de m'en assurer mieux ?
Je devais donc, ma mère, attendre qu'à mes yeux
Il eût… Vous me feriez dire quelque sottise.

MADAME PERNELLE

1690 Enfin d'un trop pur zèle on voit son âme éprise ;
Et je ne puis du tout me mettre dans l'esprit
Qu'il ait voulu tenter les choses que l'on dit.

---

1. **Rebattre :** répéter.
2. **Déçoit :** est trompeuse.
3. **À :** de, jusqu'à.

ORGON

Allez, je ne sais pas, si vous n'étiez ma mère,
Ce que je vous dirais, tant je suis en colère.

DORINE

Juste retour, Monsieur, des choses d'ici-bas : 1695
Vous ne vouliez point croire, et l'on ne vous croit pas.

CLÉANTE

Nous perdons des moments en bagatelles pures,
Qu'il faudrait employer à prendre des mesures.
Aux[1] menaces du fourbe on doit ne dormir point.

DAMIS

Quoi ? son effronterie irait jusqu'à ce point ? 1700

ELMIRE

Pour moi, je ne crois pas cette instance[2] possible,
Et son ingratitude est ici trop visible.

CLÉANTE

Ne vous y fiez pas : il aura des ressorts[3]
Pour donner contre vous raison à ses efforts ;
Et sur moins que cela, le poids d'une cabale 1705
Embarrasse les gens dans un fâcheux dédale.
Je vous le dis encore : armé de ce qu'il a,
Vous ne deviez jamais le pousser jusque-là.

ORGON

Il est vrai ; mais qu'y faire ? À[4] l'orgueil de ce traître,
De mes ressentiments je n'ai pas été maître. 1710

CLÉANTE

Je voudrais, de bon cœur, qu'on pût entre vous deux
De quelque ombre de paix raccommoder les nœuds.

---

1. **Aux :** devant les.
2. **Instance :** poursuite en justice.
3. **Ressorts :** manigances secrètes.
4. **À :** devant.

ELMIRE

Si j'avais su qu'en main il a de telles armes,
Je n'aurais pas donné matière à tant d'alarmes,
1715 Et mes…

ORGON

Que veut cet homme ? Allez tôt le savoir.
Je suis bien en état que l'on me vienne voir !

Scène 4 MONSIEUR LOYAL,
MADAME PERNELLE,
ORGON, DAMIS MARIANE,
DORINE, ELMIRE, CLÉANTE.

MONSIEUR LOYAL

Bonjour, ma chère sœur ; faites, je vous supplie,
Que je parle à Monsieur.

DORINE

Il est en compagnie,
Et je doute qu'il puisse à présent voir quelqu'un.

MONSIEUR LOYAL

1720 Je ne suis pas pour être en ces lieux importun.
Mon abord[1] n'aura rien, je crois, qui lui déplaise ;
Et je viens pour un fait dont il sera bien aise.

DORINE

Votre nom ?

MONSIEUR LOYAL

Dites-lui seulement que je vien[2]
De la part de Monsieur Tartuffe, pour son bien.

---

1. **Mon abord :** ma venue.
2. **Que je vien :** que je viens (ancienne orthographe étymologique et
   licence poétique qui permet de respecter la rime pour l'œil).

DORINE, *à Orgon.*

C'est un homme qui vient, avec douce manière,   1725
De la part de Monsieur Tartuffe, pour affaire
Dont vous serez, dit-il, bien aise.

CLÉANTE

                    Il vous faut voir
Ce que c'est que cet homme, et ce qu'il peut vouloir.

ORGON

Pour nous raccommoder il vient ici peut-être :
Quels sentiments aurai-je à lui faire paraître ?   1730

CLÉANTE

Votre ressentiment ne doit point éclater ;
Et s'il parle d'accord, il le faut écouter.

MONSIEUR LOYAL

Salut, Monsieur. Le Ciel perde qui vous veut nuire,
Et vous soit favorable autant que je désire !

ORGON

Ce doux début s'accorde avec mon jugement,   1735
Et présage déjà quelque accommodement.

MONSIEUR LOYAL

Toute votre maison[1] m'a toujours été chère,
Et j'étais serviteur de[2] Monsieur votre père.

ORGON

Monsieur, j'ai grande honte et demande pardon
D'être sans vous connaître ou savoir votre nom.   1740

MONSIEUR LOYAL

Je m'appelle Loyal, natif de Normandie,
Et suis huissier à verge[3], en dépit de l'envie.

---

1. **Maison :** famille (le terme s'applique aux familles nobles).
2. **J'étais serviteur de :** j'ai rendu des services à.
3. **Verge :** baguette avec laquelle l'huissier touche celui à qui il vient signifier une décision de justice. (Elle est le symbole de sa fonction.)

J'ai depuis quarante ans, grâce au Ciel, le bonheur
D'en exercer la charge avec beaucoup d'honneur ;
1745 Et je vous viens, Monsieur, avec votre licence[1],
Signifier l'exploit[2] de certaine ordonnance[3]…

ORGON

Quoi ? vous êtes ici…

MONSIEUR LOYAL

       Monsieur, sans passion :
Ce n'est rien seulement qu'une sommation,
Un ordre de vuider d'ici[4], vous et les vôtres,
1750 Mettre vos meubles hors[5], et faire place à d'autres,
Sans délai ni remise, ainsi que besoin est…

ORGON

Moi, sortir de céans ?

MONSIEUR LOYAL

       Oui, Monsieur, s'il vous plaît.
La maison à présent, comme savez de reste,
Au bon Monsieur Tartuffe appartient sans conteste.
1755 De vos biens désormais il est maître et seigneur,
En vertu d'un contrat duquel je suis porteur :
Il est en bonne forme, et l'on n'y peut rien dire.

DAMIS

Certes cette impudence est grande, et je l'admire.

MONSIEUR LOYAL

Monsieur, je ne dois point avoir affaire à vous ;
1760 C'est à Monsieur : il est et raisonnable et doux,

---

1. **Licence :** permission.
2. **Exploit :** acte judiciaire, saisie.
3. **Ordonnance :** décision du juge qui motive l'exploit.
4. **Vuider d'ici :** quitter ces lieux.
5. **Hors :** dehors.

Et d'un homme de bien il sait trop bien l'office[1],
Pour se vouloir du tout[2] opposer à justice.

ORGON

Mais…

MONSIEUR LOYAL

Oui, Monsieur, je sais que pour un million
Vous ne voudriez pas faire rébellion,
Et que vous souffrirez, en honnête personne,   1765
Que j'exécute ici les ordres qu'on me donne.

DAMIS

Vous pourriez bien ici sur votre noir jupon[3],
Monsieur l'huissier à verge, attirer le bâton.

MONSIEUR LOYAL

Faites que votre fils se taise ou se retire,
Monsieur. J'aurais regret d'être obligé d'écrire,   1770
Et de vous voir couché dans mon procès-verbal.

DORINE

Ce Monsieur Loyal porte un air bien déloyal !

MONSIEUR LOYAL

Pour tous les gens de bien j'ai de grandes tendresses,
Et ne me suis voulu, Monsieur, charger des pièces
Que pour vous obliger et vous faire plaisir,   1775
Que pour ôter par là le moyen d'en[4] choisir
Qui, n'ayant point pour vous le zèle qui me pousse,
Auraient pu procéder d'une façon moins douce.

ORGON

Et que peut-on de pis que d'ordonner aux gens
De sortir de chez eux ?   1780

---

1. **Office :** devoir.
2. **Du tout :** en aucune manière.
3. **Jupon :** veste ample à longues basques.
4. **D'en :** d'autres huissiers.

MONSIEUR LOYAL

On vous donne du temps,
Et jusques à demain je ferai surséance[1]
À l'exécution, Monsieur, de l'ordonnance.
Je viendrai seulement passer ici la nuit,
Avec dix de mes gens, sans scandale et sans bruit.
1785 Pour la forme, il faudra, s'il vous plaît, qu'on m'apporte,
Avant que[2] se coucher, les clefs de votre porte.
J'aurai soin de ne pas troubler votre repos,
Et de ne rien souffrir qui ne soit à propos.
Mais demain, du matin, il vous faut être habile
1790 À vuider de céans jusqu'au moindre ustensile :
Mes gens vous aideront, et je les ai pris forts,
Pour vous faire service à tout mettre dehors.
On n'en peut pas user mieux que je fais, je pense ;
Et comme je vous traite avec grande indulgence,
1795 Je vous conjure aussi, Monsieur, d'en user bien,
Et qu'au dû de ma charge[3] on ne me trouble en rien.

ORGON

Du meilleur de mon cœur je donnerais sur l'heure
Les cent plus beaux louis de ce qui me demeure,
Et pouvoir, à plaisir, sur ce mufle assener
1800 Le plus grand coup de poing qui se puisse donner.

CLÉANTE

Laissez, ne gâtons rien.

DAMIS

À cette audace étrange,
J'ai peine à me tenir, et la main me démange.

---

1. **Ferai surséance :** accorderai un délai.
2. **Que :** de.
3. **Au dû de ma charge :** dans l'exercice de mes fonctions.

DORINE

Avec un si bon dos, ma foi, Monsieur Loyal,
Quelques coups de bâton ne vous siéraient pas mal.

MONSIEUR LOYAL

On pourrait bien punir ces paroles infâmes, 1805
Mamie, et l'on décrète[1] aussi contre les femmes.

CLÉANTE

Finissons tout cela, Monsieur : c'en est assez ;
Donnez tôt ce papier, de grâce, et nous laissez.

MONSIEUR LOYAL

Jusqu'au revoir. Le Ciel vous tienne tous en joie !

ORGON

Puisse-t-il te confondre, et celui qui t'envoie ! 1810

---

1. **Décrète :** délivre des mandats d'arrestation

Scène 5 Orgon, Cléante, Mariane, Elmire, Madame Pernelle, Dorine, Damis

ORGON

Hé bien, vous le voyez, ma mère, si j'ai droit,
Et vous pouvez juger du reste par l'exploit :
Ses trahisons enfin vous sont-elles connues ?

MADAME PERNELLE

Je suis toute ébaubie[1], et je tombe des nues !

DORINE

1815 Vous vous plaignez à tort, à tort vous le blâmez,
Et ses pieux desseins par là sont confirmés :
Dans l'amour du prochain sa vertu se consomme[2] ;
Il sait que très souvent les biens corrompent l'homme,
Et, par charité pure, il veut vous enlever
1820 Tout ce qui vous peut faire obstacle à vous sauver.

ORGON

Taisez-vous, c'est le mot qu'il vous faut toujours dire.

CLÉANTE

Allons voir quel conseil[3] on doit vous faire élire.

ELMIRE

Allez faire éclater[4] l'audace de l'ingrat.
Ce procédé détruit la vertu[5] du contrat ;
1825 Et sa déloyauté va paraître trop noire,
Pour souffrir qu'il en ait le succès qu'on veut croire.

---

1. **Ébaubie :** ébahie.
2. **Se consomme :** atteint sa perfection.
3. **Conseil :** décision.
4. **Faire éclater :** rendre manifeste.
5. **Vertu :** validité.

Scène 6 Valère, Orgon Cléante, Elmire, Mariane, etc.

VALÈRE

Avec regret, Monsieur, je viens vous affliger ;
Mais je m'y vois contraint par le pressant danger.
Un ami, qui m'est joint d'une amitié fort tendre,
Et qui sait l'intérêt qu'en vous j'ai lieu de prendre,   1830
A violé pour moi, par un pas délicat,
Le secret que l'on doit aux affaires d'État,
Et me vient d'envoyer un avis dont la suite
Vous réduit au parti d'une soudaine fuite.
Le fourbe qui longtemps a pu vous imposer[1]   1835
Depuis une heure au Prince a su vous accuser,
Et remettre en ses mains, dans les traits qu'il vous jette,
D'un criminel d'État l'importante cassette,
Dont, au mépris, dit-il, du devoir d'un sujet,
Vous avez conservé le coupable secret.   1840
J'ignore le détail du crime qu'on vous donne ;
Mais un ordre est donné contre votre personne ;
Et lui-même est chargé, pour mieux l'exécuter,
D'accompagner celui qui vous doit arrêter.

CLÉANTE

Voilà ses droits armés ; et c'est par où le traître   1845
De vos biens qu'il prétend[2] cherche à se rendre maître.

ORGON

L'homme est, je vous l'avoue, un méchant animal !

VALÈRE

Le moindre amusement vous peut être fatal.

---

1. **Imposer :** tromper.
2. **Prétend :** espère obtenir.

ACTE V - Scène 6

J'ai, pour vous emmener, mon carrosse à la porte,
1850 Avec mille louis qu'ici je vous apporte.
Ne perdons point de temps : le trait est foudroyant,
Et ce sont de ces coups que l'on pare en fuyant.
À vous mettre en lieu sûr je m'offre pour conduite,
Et veux accompagner jusqu'au bout votre fuite.

ORGON

1855 Las ! que ne dois-je point à vos soins obligeants !
Pour vous en rendre grâce il faut un autre temps ;
Et je demande au Ciel de m'être assez propice,
Pour reconnaître un jour ce généreux service.
Adieu : prenez le soin, vous autres...

CLÉANTE

Allez tôt[1] :
1860 Nous songerons, mon frère, à faire ce qu'il faut.

---

1. **Tôt** : vite.

154

Scène 7

TARTUFFE

Tout beau, Monsieur, tout beau, ne courez point si vite :
Vous n'irez pas fort loin pour trouver votre gîte,
Et de la part du Prince on vous fait prisonnier.

ORGON

Traître, tu me gardais ce trait pour le dernier ;
C'est le coup, scélérat, par où tu m'expédies[1],   1865
Et voilà couronner[2] toutes tes perfidies.

TARTUFFE

Vos injures n'ont rien à me pouvoir aigrir[3],
Et je suis pour le Ciel appris à tout souffrir[4].

CLÉANTE

La modération est grande, je l'avoue.

DAMIS

Comme du Ciel l'infâme impudemment se joue !   1870

TARTUFFE

Tous vos emportements ne sauraient m'émouvoir,
Et je ne songe à rien qu'à faire mon devoir.

MARIANE

Vous avez de ceci grande gloire à prétendre,
Et cet emploi pour vous est fort honnête à prendre.

TARTUFFE

Un emploi ne saurait être que glorieux,   1875
Quand il part du pouvoir qui m'envoie en ces lieux.

---

1. **Tu m'expédies :** tu m'achèves.
2. **Couronner :** pour couronner.
3. **À me pouvoir aigrir :** qui puissent m'aigrir.
4. **Pour le Ciel appris à tout souffrir :** habitué à tout souffrir pour le Ciel.

ORGON

Mais t'es-tu souvenu que ma main charitable,
Ingrat, t'a retiré d'un état misérable ?

TARTUFFE

Oui, je sais quels secours j'en ai pu recevoir ;
1880 Mais l'intérêt du Prince est mon premier devoir ;
De ce devoir sacré la juste violence
Étouffe dans mon cœur toute reconnaissance,
Et je sacrifierais à de si puissants nœuds
Ami, femme, parents, et moi-même avec eux.

ELMIRE

1885 L'imposteur !

DORINE

        Comme il sait, de traîtresse manière,
Se faire un beau manteau[1] de tout ce qu'on révère !

CLÉANTE

Mais s'il est si parfait que vous le déclarez,
Ce zèle qui vous pousse et dont vous vous parez,
D'où vient que pour paraître il s'avise d'attendre
1890 Qu'à poursuivre sa femme il ait su vous surprendre,
Et que vous ne songez à l'aller dénoncer
Que lorsque son honneur l'oblige à vous chasser ?
Je ne vous parle point, pour devoir en distraire[2],
Du don de tout son bien qu'il venait de vous faire ;
1895 Mais le voulant traiter en coupable aujourd'hui,
Pourquoi consentiez-vous à rien[3] prendre de lui ?

TARTUFFE, *à l'Exempt.*

Délivrez-moi, Monsieur, de la criaillerie,
Et daignez accomplir votre ordre, je vous prie.

---

1. **Se faire un beau manteau :** se servir de prétexte.
2. **Pour devoir en distraire :** pour vous détourner de cette dénonciation.
3. **Rien :** quelque chose.

L'EXEMPT

Oui, c'est trop demeurer sans doute à l'accomplir :
Votre bouche à propos m'invite à le remplir ;   1900
Et pour l'exécuter, suivez-moi tout à l'heure[1]
Dans la prison qu'on doit vous donner pour demeure.

TARTUFFE

Quoi ? moi, Monsieur ?

L'EXEMPT

Oui, vous.

TARTUFFE

Pourquoi donc la prison ?

L'EXEMPT

Ce n'est pas vous à qui j'en veux rendre raison.
Remettez-vous, Monsieur, d'une alarme si chaude.   1905
Nous vivons sous un Prince ennemi de la fraude,
Un Prince dont les yeux se font jour[2] dans les cœurs,
Et que ne peut tromper tout l'art des imposteurs.
D'un fin discernement sa grande âme pourvue
Sur les choses toujours jette une droite vue ;   1910
Chez elle jamais rien ne surprend trop d'accès[3],
Et sa ferme raison ne tombe en nul excès.
Il donne aux gens de bien une gloire immortelle ;
Mais sans aveuglement il fait briller ce zèle,
Et l'amour pour les vrais[4] ne ferme point son cœur   1915
À tout ce que les faux doivent donner d'horreur.
Celui-ci n'était pas pour[5] le pouvoir surprendre,
Et de pièges plus fins on le voit se défendre.
D'abord il a percé, par ses vives clartés,
Des replis de son cœur toutes les lâchetés.   1920

---

1. **Tout à l'heure :** sur-le-champ.
2. **Se font jour :** voient clairement.
3. **Rien... accès :** aucune illusion ne peut l'abuser.
4. **Les vrais :** les gens sincères.
5. **N'était pas pour :** n'était pas de nature à.

Venant vous accuser, il s'est trahi lui-même,
Et par un juste trait de l'équité suprême,
S'est découvert au Prince un fourbe renommé,
Dont sous un autre nom il était informé ;
1925 Et c'est un long détail d'actions toutes noires
Dont on pourrait former des volumes d'histoires.
Ce monarque, en un mot, a vers vous[1] détesté
Sa lâche ingratitude et sa déloyauté ;
À ses autres horreurs il a joint cette suite,
1930 Et ne m'a jusqu'ici soumis à sa conduite[2]
Que pour voir l'impudence aller jusques au bout,
Et vous faire par lui faire raison[3] de tout.
Oui, de tous vos papiers, dont il se dit le maître,
Il veut qu'entre vos mains je dépouille le traître.
1935 D'un souverain pouvoir, il brise les liens
Du contrat qui lui fait un don de tous vos biens,
Et vous pardonne enfin cette offense secrète
Où vous a d'un ami fait tomber la retraite[4] ;
Et c'est le prix qu'il donne au zèle qu'autrefois
1940 On vous vit témoigner en appuyant ses droits[5],
Pour montrer que son cœur sait, quand moins on y pense,
D'une bonne action verser la récompense,
Que jamais le mérite avec lui ne perd rien,
Et que mieux que du mal il se souvient du bien.

DORINE

1945 Que le Ciel soit loué !

MADAME PERNELLE
Maintenant je respire.

---

1. **Vers vous :** envers vous (sa lâche ingratitude envers vous).
2. **Soumis à sa conduite :** mis à ses ordres.
3. **Raison :** réparation, restitution.
4. **Où... retraite :** à laquelle vous a contraint l'exil d'un ami.
5. **Ses droits :** allusion à la conduite d'Orgon pendant la Fronde.

ELMIRE

Favorable succès[1] !

MARIANE

Qui l'aurait osé dire ?

ORGON, *à Tartuffe.*

Hé bien ! te voilà, traître…

CLÉANTE

Ah ! mon frère, arrêtez,
Et ne descendez point à des indignités ;
À son mauvais destin laissez un misérable,
Et ne vous joignez point au remords qui l'accable :   1950
Souhaitez bien plutôt que son cœur en ce jour
Au sein de la vertu fasse un heureux retour,
Qu'il corrige sa vie en détestant son vice
Et puisse du grand Prince adoucir la justice,
Tandis qu'à sa bonté vous irez à genoux   1955
Rendre ce que demande un traitement si doux.

ORGON

Oui, c'est bien dit : allons à ses pieds avec joie
Nous louer des bontés que son cœur nous déploie.
Puis, acquittés un peu de ce premier devoir,
Aux justes soins d'un autre il nous faudra pourvoir,   1960
Et par un doux hymen couronner en Valère
La flamme d'un amant généreux et sincère.

---

1. **Succès :** issue.

Clefs d'analyse

Acte V, scène 7.

Compréhension

Tartuffe dans son rôle d'imposteur

- Relever les mots qui appartiennent à son rôle de faux dévot.
- Relever ceux qui font de lui un serviteur zélé du roi.

Un officier de police : l'exempt

- Relever le champ lexical de la lucidité du roi.
- Relever le champ lexical de l'autorité et de la magnanimité royale.
- Relever le champ lexical de la fourberie (concernant Tartuffe).

Réflexion

Un retournement de situation

- Analyser la manière dont s'opère le retournement de situation aux vers 1897-1902.

Un message politique

- Montrer que la longue tirade de l'exempt est un portrait flatteur de Louis XIV, protecteur de Molière.
- Montrer qu'à travers Tartuffe, c'est la cabale des dévots qui est visée.

À retenir :

Le dénouement heureux de la pièce arrive in extremis, *de façon inattendue pour les spectateurs mais aussi pour Tartuffe qui se voyait sur le point de triompher. On a parfois reproché à cette fin d'être peu vraisemblable. Elle n'en est pas moins d'une efficacité théâtrale remarquable puisqu'elle laisse au drame qui sous-tend la comédie la possibilité de se développer jusqu'au bout sans laisser le spectateur entrevoir de solution. L'arrivée de l'exempt a toutes les apparences d'une sorte de miracle et ressemble à ce que les anciens appelaient* deus ex machina. *Ici, le « miracle » n'est pas divin mais politique : cet ultime renversement de situation est à la gloire du roi.*

Synthèse Acte V

Un dénouement politique

Personnages

▎ *La famille recomposée*

Deux personnages nouveaux interviennent dans le cinquième acte : Monsieur Loyal et l'exempt. Monsieur Loyal, dont le nom apparaît comme une antiphrase, est un double de Tartuffe, il dispose de dix hommes pour expulser la famille hors de sa maison. Tartuffe n'agit pas seul, il appartient à la confrérie des bigots et apparaît comme un voleur à la tête d'une bande organisée. Il ajoute à ses méfaits la délation (non pour des motifs politiques, mais par intérêt et basse vengeance). On n'est pas loin de l'image du hors-la-loi : l'exempt suggère qu'il a, derrière lui, le lourd passé d'un « fourbe renommé » (sc. 7, v. 1923-1930). En face de lui, la famille désunie se recompose. Les personnages, réunis sur scène au complet, représentent par leur nombre même l'importance du groupe social que l'avilissement de l'autorité paternelle a mis en danger. Cléante apparaît plus que jamais comme l'homme du juste milieu, mais Orgon, malgré son revirement, manifeste toujours le même caractère excessif (sc. 1, v. 1604-1606), comme l'illustre sa querelle avec Mme Pernelle.

Langage

▎ *Faire rire*

Le comique (sc. 3) est lié à la répétition des mots : Mme Pernelle, obstinée, joue devant Orgon le rôle que celui-ci a tenu jusque-là, de sorte que la dispute de la mère avec son fils sonne un peu comme un dialogue d'Orgon avec lui-même. Mme Pernelle représente un Orgon qui n'aurait pas été détrompé, variante tout à fait plausible, et qui aurait conduit sa famille au malheur définitif.

Synthèse Acte V

Société

Le pouvoir du roi

L'exempt est le seul personnage qui ne soit pas désigné par son nom mais par sa fonction : officier de police, il représente le roi, sa personne s'efface devant le symbole qu'il porte.

La pièce est située dans l'histoire, les troubles de la Fronde sont évoqués et l'on sait qu'Orgon a servi le prince. Mais, en gardant la cassette d'un opposant en fuite, Orgon a commis une faute contre le roi et mérite d'être arrêté. La cassette d'Argas contient des papiers compromettants et son recel fait d'Orgon un coupable aux yeux de la justice royale. Tartuffe serait le plus fort si le roi n'intervenait pas personnellement. La prétention de Tartuffe est allée tellement loin que l'autorité suprême est la seule force capable de l'arrêter. Le portrait du roi, fait par l'exempt, nous présente un prince idéal : il dispose des lumières qui lui permettent de répandre une justice plus juste que la justice des tribunaux. Sa perspicacité merveilleuse l'amène à démasquer Tartuffe sur le champ, et sa mansuétude accorde plus de poids à la loyauté passée qu'à l'erreur qui a suivi. Il sait témoigner sa gratitude et démasquer la corruption au moment où la fausse dévotion est en train de menacer la société. Perspicacité et bonté font du prince le fondement de l'État.

Seule une autorité supérieure pouvait rétablir l'ordre. À Orgon, le mauvais père qui conduit mal sa famille, Molière oppose l'exemple du roi (le roi est appelé « le père » de ses sujets au XVIIe siècle) qui possède toutes les qualités qui manquent à Orgon. Éclairé et juste, il est l'image du chef tel qu'il doit être.

POUR
APPROFONDIR

Genre, action, personnages

Genre et registres

La grande comédie morale

Tartuffe appartient au genre de la grande comédie morale, c'est-à-dire qui étudie les mœurs, les critique et envisage de les corriger. Molière et l'âge classique croient en l'utilité morale du théâtre comique et *Tartuffe* est la plus morale de toutes ses comédies, celle où il déclenche, contre les vices de son siècle, la plus radicale et la plus dévastatrice des attaques.

En cela *Tartuffe* est différent des comédies essentiellement divertissantes que sont *Le Médecin malgré lui* ou *Les Fourberies de Scapin* par exemple. On ne peut, en effet, pas dire que les coups de bâtons dont Sganarelle est la victime visent à corriger qui que ce soit de quelque vice que ce soit.

Pour Molière, l'utilité morale de la comédie est double. Sa première fonction est d'instruire et de prévenir. Empêcher le spectateur de tomber dans le vice et le ridicule. Mettre sous ses yeux l'exemple de ce qu'il ne doit pas faire. La deuxième est de corriger, de ramener dans le droit chemin de la raison ou de la vertu ceux qui s'en sont écartés. Et pour ce faire, la comédie attaque les vices avec une arme jugée plus efficace que les sermons austères : le ridicule. Molière explique dans sa préface : « Rien ne reprend mieux les hommes que la peinture de leurs défauts. C'est une grande atteinte aux vices que de les exposer à la risée de tout le monde. On souffre aisément des répréhensions *(remontrances)* ; mais on ne souffre point la raillerie. On veut bien être méchant mais on ne veut point être ridicule. » Le théâtre comique travaille donc à corriger et adoucir les passions des hommes pour les aider à se maintenir dans une sage attitude, celle de l'honnête homme.

La comédie, miroir de l'honnête homme

L'*honnête homme* est celui qui se conforme habilement aux conventions de son temps et du lieu où il vit. L'original, l'excentrique qui ne suit pas cette voie raisonnable se marginalise.

Genre, action, personnages

Pour l'esprit classique, il a tort. Il est grotesque, il fait rire. Orgon, par exemple. Il faut, par conséquent, replacer *Tartuffe* dans la perspective historique qui a été la sienne et regarder cette pièce avec les yeux de l'honnête homme. C'est-à-dire en se souvenant des valeurs, des goûts et des dégoûts qui étaient ceux du spectateur de l'époque.

Nous avons trop souvent tendance à projeter sur la pièce que nous analysons nos propres valeurs et nos propres sentiments de lecteurs du XXIe siècle. Pour nous qui venons après le romantisme et tous les courants idéologiques du XXe siècle, la notion d'honnête homme nous semble quelquefois un peu fade. Or elle est l'exact point de vue à partir duquel Molière organise la perspective comique de *Tartuffe*, à partir duquel il nous invite à observer les défauts qu'il met en scène et à en rire.

▎ L'honnête homme ou le sens de la mesure

La notion d'honnête homme est à rattacher à celle de juste milieu, que les classiques appellent aussi « raison ». La philosophie du juste milieu n'est en aucun cas une attitude conciliante, faite de compromis complaisants, de conformisme frileux, de refus de s'engager. C'est au contraire une forme de perfection sereine, de discipline personnelle qui exige beaucoup de lucidité et de vigilance.

Elle vient de l'*Éthique à Nicomaque* d'Aristote, qui définit la vertu comme un juste milieu par rapport à deux vices, l'un par excès, l'autre par défaut. Par exemple, le courage, juste milieu entre la témérité et la lâcheté ; la générosité, entre la prodigalité et l'avarice. Aristote insiste particulièrement sur la difficulté qu'il y a à se maintenir dans ce point de perfection qu'est le juste milieu.

À l'époque classique, cette éthique aristotélicienne de la mesure s'impose. Cette recherche de la voie moyenne constitue le principe fondamental de la philosophie de l'honnête homme. C'est pourquoi les grandes comédies de Molière présentent toujours un personnage posé et raisonneur. Dans *Tartuffe*, c'est Cléante.

Genre, action, personnages

La norme morale

Que n'a-t-on pas dit contre la « triste et terne sagesse » de ces raisonneurs qui, pense-t-on souvent, ne formulent que de plats lieux communs.

Attention : notre époque tend naturellement à ne voir d'issue que dans les solutions extrêmes, voire dans l'anticonformisme radical. C'est pourquoi il ne faut surtout pas oublier ce qu'était « l'idéologie » du temps de Molière. Cléante est là pour nous la rappeler.

Il est ce personnage qui, par son caractère raisonnable (son « honnêteté »), assure sur la scène la présence de la norme à partir de laquelle s'organisent la perspective comique et la visée didactique de la pièce. Il est celui auquel le spectateur doit s'identifier sous peine de tous les contresens. Il est, au sens fort du mot, le personnage « idéologique » : il fournit le point d'appui du jugement que portera le spectateur et qui fait ressortir le ridicule des personnages.

Les procédés comiques

Puisqu'il s'agit de faire rire de ceux qui ont une attitude ridicule, Molière utilise des procédés variés que l'on rencontre tout au long de la pièce.

Le comique de geste : dans le théâtre classique, les didascalies indiquant des gestes sont peu nombreuses (contrairement à la pratique du théâtre moderne, chez Beckett ou Ionesco, par exemple). Lorsqu'on en rencontre, elles n'en sont que plus significatives.

Tartuffe n'est pas une farce mais les gifles n'en sont pas absentes : celle de Mme Pernelle à Flipote (I, 1) et surtout celle, manquée, d'Orgon à Dorine (II, 2).

À l'acte III, scène 2, Tartuffe tire un mouchoir de sa poche pour voiler pudiquement la poitrine de Dorine, trop découverte selon lui. On touche à la gauloiserie. Les indications de gestes sont les plus nombreuses dans le même acte à la scène 3, lorsque Tartuffe se déclare à Elmire : « Il lui serre le bout des doigts. » « Il lui met la main sur le genou. » Un autre geste est suggéré par le texte lui-même (v. 919) : « Mon Dieu ! que de ce point l'ouvrage est merveilleux ! » Il s'agit de dentelle, sans doute Tartuffe la touche-t-elle et, comme se le demande J. Scherer dans *Structures de Tartuffe*, où se trouve cette dentelle ? Une édition de *Tartuffe* nous renseigne par la didascalie suivante : « *maniant le fichu d'Elmire.* » On appelait *fichu* un léger vêtement en pointe dont les femmes se couvraient la gorge et les épaules. On le voit, le désir de Tartuffe se montre de plus en plus hardi.

Puis nous avons le célèbre jeu du déplacement des chaises dans la même scène.

À l'acte suivant, scène 5, Orgon est caché sous la table, type d'attitude qui fera fureur à la fin du XIXe siècle dans le théâtre de Labiche et de Feydeau. Une gravure de l'époque le montre soulevant le tapis qui recouvre la table pour mieux suivre la scène. Certes, cela n'est pas indiqué par Molière mais semble s'imposer. Et comme si les propos de Tartuffe n'étaient pas assez explicites, Elmire tousse pour souligner les passages les plus importants.

Le comique de mots : la comédie aime jouer avec la langue. Elle ne se prive d'utiliser ni les déformations, ni les jargons en tous genres, ni les façons de parler outrées.

La répétition systématique des deux formules : « Et Tartuffe ? » et « Le pauvre homme ! » appartient à l'une des scènes les plus célèbres. Remarquons toutefois que ce comique de répétition est indissociable du caractère même de Tartuffe. Les mêmes mots, appliqués de la même façon à une personne vraiment digne de pitié seraient touchants et pathétiques. L'expression « Le pauvre homme ! » est reprise à la fin, au vers 1657 par Dorine sur le ton ironique. (Tartuffe vient d'être démasqué.)

Molière ne dédaigne pas les jeux de mots. Dans la première scène, Mme Pernelle déforme l'expression « tour de Babel » en « tour de Babylone » et la fait suivre d'une sorte d'étymologie fantaisiste : « Car chacun y babille, et tout du long de l'aune » (v. 162).

Genre, action, personnages

Enfin, on trouve un savoureux mélange de styles dans plusieurs scènes. Le ton à la fois dévot et galant de Tartuffe, à la fois onctueux et impitoyable de M. Loyal. (Voir plus loin, « le personnage de Tartuffe », p. 171.) Tous ces procédés empêchent la pièce de tomber dans le drame noir.

Le comique de caractère et de situation : ils sont inséparables, les situations étant conditionnées par les caractères.

Le comique du personnage de Tartuffe est essentiellement fondé sur la contradiction que constitue son double visage et sur le fait que le masque ne cache pas complètement – et même parfois pas du tout – la réalité. De ce fait, le personnage se retrouve dans des situations grotesques, comme par exemple lorsqu'il est obligé de jouer son rôle devant Dorine qui l'a pourtant percé à jour. (Acte III, sc. 2). De même, il ne renonce pas une seconde à jouer le dévot alors qu'il est en train de démontrer le contraire à Elmire. Il est ridicule parce qu'il est double et parce que le spectateur le sait.

La situation d'Orgon n'est pas moins comique lorsque, par sa faute, il se retrouve contraint d'assister d'un bout à l'autre à la déclaration de Tartuffe à sa femme. Il se retrouve doublement humilié : en tant que dévot naïf et en tant que mari bafoué par Tartuffe.

Le comique de situation repose aussi sur les nombreux retournements de situation et coups de théâtre que comporte l'action ainsi que sur des effets de répétition : à l'acte V, scène 3, Mme Pernelle rejoue exactement la même scène d'aveuglement qu'Orgon à l'acte I.

Action

▌ *Une action inexorable*

Les comédies de Molière ne sont pas toutes construites sur le même modèle. Cela est également vrai des grandes comédies de mœurs.

Dom Juan et *Le Bourgeois gentilhomme* relèvent d'une esthétique plutôt proche du baroque. Dans *Dom Juan* l'unité de lieu n'est pas respectée. Ces pièces s'apparentent à ce qu'on appelle des *revues*. On passe en revue les différentes situations auxquelles peut se heurter le personnage. Dans *Le Bourgeois gentilhomme*, M. Jourdain reçoit le tailleur, prend une leçon de musique, d'escrime, de philosophie, etc.

Rien de tel dans *Tartuffe*. Les unités de lieu, de temps et d'intérêt y sont bien respectées et cette concentration de l'action concourt puissamment à l'effet d'ensemble. Une fois Tartuffe « impatronisé » et sûr de son ascendant sur le chef de famille, l'action progresse par retournements successifs dans une intrigue rigoureuse. Rien ne semble pouvoir l'arrêter, tout se ligue systématiquement contre la famille d'Orgon et cela jusqu'à la dernière scène de la pièce. C'est pourquoi cette comédie a des allures évoquant ce que sera le théâtre policier au XXe siècle (*La Souricière* d'Agatha Christie et encore plus la pièce qui a été tirée de son roman *Dix petits nègres*.)

Risquons un autre rapprochement plus surprenant. Une fois introduit par Orgon dans sa maison, Tartuffe devient envahissant au point qu'il s'approprie tout, les esprits, les biens, les corps – tout au moins le tente-t-il – et finit à deux doigts d'occuper tout l'espace puisqu'il fait chasser toute la famille. Ce résumé ressemble fort à la pièce de Ionesco, *Amédée ou comment s'en débarrasser,* dans laquelle l'amant mort grandit à vue d'œil au point de remplir toute la scène. Certes, nous sommes là dans le théâtre de l'absurde, ce qui n'est pas le cas de *Tartuffe* mais ce rapprochement met en relief le caractère obsédant et terrifiant de la présence de Tartuffe. La famille d'Orgon voudrait bien « s'en débarrasser », mais plus elle s'y emploie, plus au contraire Tartuffe s'enracine.

L'effet est d'autant plus oppressant que la succession des périls causés par Tartuffe se développe de façon logique, comme une série d'engrenages.

L'engrenage

La succession des épisodes obéit à la loi de progressivité car les périls sont de plus en plus graves. En outre, chaque fois qu'on passe d'un péril à un autre, l'action se transforme et l'enjeu devient différent. C'est la technique de l'engrenage qui est ici développée par Molière.

On a six périls différents, dont l'ensemble constitue l'action de la pièce : 1) Le danger que Tartuffe épouse Mariane. 2) Le danger que Tartuffe séduise Elmire. 3) Le danger qu'Orgon déshérite son fils alors que tout accuse Tartuffe. 4) Le danger qu'Orgon fasse de Tartuffe son héritier. 5) Le danger que représente la cassette compromettante confiée à Tartuffe. 6) Le danger pour Orgon de se voir emprisonné et, pour la famille, de se retrouver à la rue, complètement ruinée.

Au début, Tartuffe ne fait que parler mais, peu à peu, ses paroles se transforment en actes, actes de plus en plus redoutables, pour aboutir à la catastrophe. On ne cesse de découvrir des éléments nouveaux de plus en plus inquiétants sans que, dans le feu de l'action, on ait le temps de reprendre son souffle, cas peu courant dans le théâtre classique. Cela suffit d'ailleurs à éloigner *Tartuffe* du schéma de la tragédie où l'on sait que tout est joué dès le début. C'est plutôt au thriller qu'on peut comparer cette comédie.

Personnages

Cinq rôles dominants et deux clans

On constate que cinq rôles dominent largement la pièce :

Orgon : 358 vers. C'est lui le pilier de la pièce car, sans lui, Tartuffe n'aurait aucun pouvoir.

Dorine : 339 vers, ce qui n'est guère surprenant pour une servante « un peu forte en gueule ».

Cléante : 310 vers, l'honnête homme, contrepoint d'Orgon.

Tartuffe : 294 vers. On ne le voit que dans les actes III et IV et très peu à la fin.

Elmire : 223 vers, dont les deux tiers à l'acte IV, celui du stratagème qui doit confondre l'imposteur.

On peut classer l'ensemble de la distribution en deux clans : les « tartuffiés » et les anti-Tartuffe. Ces derniers ne sont cependant pas tous sur le même plan. Deux, Dorine et Cléante, servent de contrepoids à Orgon. Trois sont inefficaces (Damis, Mariane et Valère). Enfin Elmire prend les initiatives utiles, secondée « par chance » par l'exempt dans la dernière scène.

Tartuffe

Molière avait besoin de puissants effets comiques : il a donc prêté de façon ingénieuse à son Tartuffe un caractère naturel qui contraste absolument avec le rôle qu'il joue. Gaillard robuste (gros et gras...), à l'appétit solide (deux perdrix, une moitié de gigot pour le souper), aux désirs sensuels impérieux, il n'a pas le moindre talent pour la piété, même feinte. Il joue son rôle avec une maladresse visible, il exagère parfois jusqu'à l'absurde. Ses sens sont-ils mis en éveil, il ne peut plus se tenir. Il singe le dévot plus qu'il ne le joue. À part Orgon et Mme Pernelle, personne ne peut se laisser prendre à ses simagrées. Son masque lui convient mal, on voit le vrai Tartuffe dessous. Et c'est en cela, précisément, que réside sa grande force comique. De plus, grand manieur de mensonges, il montre (on peut le vérifier parfois dans la réalité) que le mensonge le plus grossier réussit toujours du moment qu'il flatte les lubies et les désirs secrets de sa victime.

Tartuffe est aussi le champion des volte-face et des coups de théâtre. Il surprend en ne s'intéressant pas au « cadeau » que lui fait Orgon en la personne de sa fille alors que le mariage est, dans les comédies, le moyen ordinaire d'arriver à ses fins. Il surprend encore plus en se tournant vers la femme de son bienfaiteur et La Bruyère a bien raison de souligner le fait qu'un véritable imposteur ne commettrait jamais maladresse si dangereuse. Mais Tartuffe est un imposteur de théâtre... Plus loin, lorsque Damis le démasque, Tartuffe retourne la situation en abondant hypocritement dans le sens de son accusateur. Lorsque sa vraie nature est enfin connue pour de bon, loin de se sentir confondu, au contraire, il riposte par des menaces et met ces dernières à exécution.

Mais il est un autre aspect du personnage que certains critiques ont relevé et certains metteurs en scène ont mis en relief. Dans sa déclaration à Elmire (III, 3), celle qui commence par « L'amour qui nous attache aux beautés éternelles... » (v. 933), il prouve que, loin d'être le gueux que dénonce Dorine à l'acte I, il manie fort bien le langage de la galanterie. Dans cette longue tirade, le mélange de la galanterie et du langage dévot, loin de détoner, débouche au contraire sur une forme de préciosité courtoise du plus bel effet. Certes, à partir du vers 987, le caractère odieux du personnage reprend le dessus, ce qui est conforme à l'esprit de la pièce, mais si l'on extrait ce qui précède et si l'on met entre parenthèses le fait que c'est un imposteur qui parle, on trouve là une magnifique déclaration d'amour teinte de platonisme. « J'aurai toujours pour vous, ô suave merveille, / Une dévotion à nulle autre pareille. » Le mot *dévotion* n'a rien ici de risible ni de blasphématoire. Il appartient au langage amoureux courtois. Tartuffe se déclare d'une manière particulièrement raffinée ; il traite la composition, les idées, le style avec ingéniosité. Comme l'a noté Jules Lemaître à la fin du XIXe siècle : « Parole d'honneur, cela sonne presque comme du Lamartine. » Bien entendu, il ne faut surtout pas oublier qui prononce ces paroles : l'ensemble prend alors un air bizarre avec un parfum sacrilège.

On le voit, Tartuffe n'est pas un personnage simple. Il porte en lui des contradictions qui le rendent assez mystérieux. Qui est-il ? D'où vient-il ? Un gueux ? Sûrement pas. Un gentilhomme comme il le laisse entendre ? En tout cas quelqu'un dont l'expérience, que nous ne connaissons pas, doit être longue, variée, originale.

Les « tartuffiés »

Mme Pernelle : son nom serait-il une contraction de « péronnelle » ? Elle est la mère d'Orgon, et en même temps son double dans la pièce, et l'antithèse d'Elmire. Elle représente l'ancienne génération, complètement dépassée, qui ne comprend plus rien au monde dans lequel elle vit. Elle est vieux jeu, rigide, chagrine, elle fait la morale à tout un chacun ; elle a un a priori défavorable envers la jeunesse. Elle paraît incapable de penser par elle-même comme le montre sa propension à utiliser des formules toutes faites et des proverbes : *v.* 12, 23, 1665-1666. Elle sera, comme on pouvait s'en douter, la dernière désabusée. Le fait qu'elle soit farouche partisane de Tartuffe contribue à rendre celui-ci antipathique dès les premiers vers de la pièce, deux longs actes avant son apparition.

Orgon : c'est un homme vieillissant qui a peur de la mort et encore plus de l'enfer. On sait que, pendant la Fronde, il s'est montré fort actif : peut-être a-t-il quelque chose à se reprocher... Son plus grand souci est donc désormais de s'assurer « le paradis à la fin de ses jours ». Un trait marquant de sa personnalité est le dévouement : au roi pendant les troubles de la Fronde, mais aussi à son ami (en dépit des risques que cette fidélité comporte). Comment ne serait-il pas maintenant dévoué corps et biens à Tartuffe ? Mais dès qu'il est mis au bénéfice de Tartuffe, ce beau dévouement dégénère en aveuglement, en folie. Avant Tartuffe, Orgon était capable de « faire la part des choses » puisqu'il a servi en même temps le roi et l'ami pourtant opposant au même roi. Avec Tartuffe, Orgon devient monomaniaque.

Pour aggraver la situation, il a tendance à l'autoritarisme, c'est-à-dire qu'il manifeste son autorité de manière volontiers abusive. Il est donc heureux de pouvoir s'appuyer sur une autorité absolue : « le Ciel » qu'invoque à tout moment Tartuffe. Poussé par de si puissants motifs, Orgon s'estime dispensé de tenir compte des autres.

Enfin, il est coléreux. Il aggrave ainsi le mal comme à plaisir par ses décisions. Il ne peut résister au besoin de toujours tout pousser jusqu'à l'absurde. Non content de chasser son fils Damis, il fait de Tartuffe son héritier. Il est à la fois comique et odieux parce que le malheur augmente par sa faute, sans raison autre qu'une sorte de caprice absurde. Orgon est le contraire de l'honnête homme mesuré.

M. Loyal : son nom constitue une antiphrase. Il est surtout remarquable, en dehors du rôle qu'il joue dans le développement de l'action, par le fait qu'il apparaît comme un double de Tartuffe. Lui aussi (au début) s'exprime en adoptant le style doucereux de la dévotion. Il semble de plus être « de mèche » avec Tartuffe. Le parti des dévots forme un réseau inquiétant.

Les anti-Tartuffe

Mariane, Damis et Valère : un trio inefficace. Damis et Mariane sont frère et sœur issus d'un premier mariage d'Orgon. Elmire n'est donc pas leur mère et, en effet, jamais les deux jeunes gens ne lui parlent comme à une mère. Mais elle n'est pas une marâtre ; elle n'a rien de commun avec la Béline du *Malade imaginaire*. Mariane et Damis réagissent à la présence et aux actions de Tartuffe de manières diamétralement opposées. Mariane est sous l'emprise « d'un père absolu » à qui elle n'ose guère répliquer. Elle ne sait que se plaindre et larmoyer (acte IV, sc. 3). Elle se définit elle-même comme timide (v. 623). Damis, au contraire, est colérique. Il tient visiblement de son père. Par sa précipitation, il envenime la situation (acte III, sc. 6.)
Valère est l'amoureux et le fiancé de Mariane, à qui Orgon a retiré sa parole. Il se querelle avec Mariane (acte II) et propose à Orgon de fuir (acte V, sc. 6). Il n'a pas le génie des solutions efficaces, mais la sympathie du spectateur lui est acquise.

Cléante et Dorine : deux versions de l'honnête « homme ». Cléante est un personnage qui n'a rien de comique. Il tient les discours sérieux de la pièce, qui servent d'alternative au fanatisme d'Orgon. Il est aussi chargé de souligner la différence entre la vraie et la fausse dévotion. Molière avait tout intérêt à ne laisser planer aucun doute sur ce sujet épineux. (Voir « Genre » : « La comédie, miroir de l'honnête homme », « L'honnête homme ou le sens de la mesure » et « La norme morale », p. 164-166).
Dorine n'est pas présentée comme une servante mais comme « une fille suivante ». C'est-à-dire qu'elle semble, bien que cela ne soit pas précisé, avoir un statut supérieur à la simple domestique. A-t-elle été la nourrice de Mariane ? Le mot « suivante »,

qui signifiait « dame de compagnie » et même, dans certains contextes, « confidente », indique qu'elle sert de chaperon à la jeune fille. Elle se caractérise par son franc-parler, son peu de respect de la hiérarchie dans la maison où elle vit. Elle est la représentante de ce qu'on appelle « le bon sens » et qui est exactement la forme populaire de la « raison » qu'incarne Cléante. Ainsi, elle exprime, de façon plaisante, vive, ironique, le point de vue que Cléante développe en termes sérieux.

Elmire : une femme de caractère. Elmire n'est pas un personnage comique. Elle ne prête jamais à rire mais elle n'a pas la relative pesanteur d'un Cléante parce qu'elle ne se contente pas de parler, elle agit et de façon particulièrement efficace. À l'acte III, si Damis n'était pas intervenu de façon intempestive, elle aurait peut-être confondu l'imposteur. Comme elle est la deuxième épouse d'Orgon, on peut se demander quel âge elle a. Elle est certainement plus jeune que son mari, elle est d'une génération plus « moderne », elle n'est pas obsédée par le salut éternel. Elle est l'exacte antithèse d'Orgon ainsi que de Mme Pernelle. Elle s'entend bien avec tout le monde, à commencer par les enfants qui ne sont pourtant pas les siens. Elle est discrète, elle respecte scrupuleusement les bienséances. (Voir « Synthèse de l'acte III », p. 113.) Mais surtout, elle sait prendre des risques calculés pour affronter Tartuffe en présence de son mari caché et, ce qui est sans doute largement aussi périlleux, pour ouvrir brusquement les yeux à ce dernier. Elle a donc le sens de l'initiative efficace : c'est elle qui a l'idée du stratagème et qui le met en œuvre. Ce faisant, elle endosse l'autorité de chef de famille qu'Orgon avait laissée se dévoyer.

L'exempt : il n'a pas de nom propre, il est réduit à sa fonction, celle d'un officier de police. Il est l'équivalent du *deus ex machina* des anciens, il représente la seule véritable autorité, celle du roi. Il intervient à l'extrême fin, au moment où la situation était devenue intenable. Il interrompt l'enchaînement des engrenages comme le réveil met fin à un cauchemar au moment où celui-ci risque de passer la limite du supportable.

L'œuvre : origines et prolongements

Des origines hypothétiques

L'HYPOCRISIE RELIGIEUSE est un vice de tous les temps et déjà saint Matthieu dénonce les « Tartuffe » pour les siècles des siècles (Évangile, VI, 2-6.) :

« Lorsque tu fais l'aumône, ne va pas le claironner devant toi ; ainsi font les hypocrites dans les synagogues et dans les rues, afin d'être honorés des hommes ; en vérité, je vous le dis, ils ont déjà leur récompense. Pour toi, quand tu fais l'aumône, que ta main gauche ignore ce que fait ta main droite, afin que ton aumône soit secrète ; et ton Père, qui voit dans le secret, te le rendra.

Et quand vous priez, n'imitez pas les hypocrites : ils aiment, pour faire leurs prières, à se camper dans les synagogues et aux coins des places, afin de se faire voir des hommes. En vérité, je vous le dis, ils ont déjà leur récompense. Pour toi, quand tu pries, retire-toi dans ta chambre, ferme sur toi la porte et prie ton Père qui est là, dans le secret ; et ton Père, qui voit dans le secret, te le rendra. »

AU MOYEN ÂGE et au XVIe siècle, les fabliaux et le théâtre n'hésitent pas à parler de religion. La satire ne se prive pas de ridiculiser les hypocrites et, dans un épisode du *Roman de Renart*, ce dernier se fait moine pour des raisons qui n'ont pas grand-chose à voir avec la vocation religieuse.

Dans la 13e satire de Mathurin Régnier, une femme nommée la Macette exerce ses talents d'entremetteuse sous les dehors de la dévotion. En 1657, *Les Pharisiens du temps, ou le Dévot hypocrite* de Garaby de la Luzerne montre un précurseur de Tartuffe, directeur de conscience et membre d'une cabale. Mais on ne trouve nulle part un personnage de l'envergure d'un Tartuffe, qui utilise l'hypocrisie religieuse pour circonvenir une famille, y faire régner sa loi et s'approprier tous ses biens.

L'œuvre : origines et prolongements

Molière et le thème de l'hypocrisie : un récidiviste

Dans *LES FEMMES SAVANTES*, Trissotin se révèle un hypocrite pour qui les belles lettres n'étaient qu'un moyen de faire un mariage avantageux. Mais il n'utilise pas la religion et, de plus, ce n'est pas en tant qu'imposteur qu'il est présent dans presque toute la pièce mais en tant que poète ridicule. On ne se rend compte de son hypocrisie que dans la dernière scène.

C'est dans *DOM JUAN* que Molière développe à nouveau le thème de l'hypocrisie, ce qui se comprend facilement si l'on considère que *Dom Juan* date de 1665, précisément pendant la « bataille de Tartuffe ». À l'acte V, scène 2, Dom Juan expose à Sganarelle les avantages de l'hypocrisie. Toute la tirade est à mettre en parallèle avec *Tartuffe*. C'est comme si le grand seigneur méchant homme formulait ce que pense Tartuffe en secret et même parfois tout haut, devant Elmire par exemple :

▌ *Dom Juan,* Acte V, scène 2.

« **DOM JUAN**
Je m'érigerai en censeur des actions d'autrui, jugerai mal de tout le monde, et n'aurai bonne opinion que de moi. Dès qu'une fois on m'aura choqué tant soit peu, je ne pardonnerai jamais et garderai tout doucement une haine irréconciliable. [...] Je ferai le vengeur des intérêts du Ciel, et, sous ce prétexte commode, je pousserai mes ennemis, je les accuserai d'impiété, et saurai déchaîner contre eux des zèles indiscrets, qui, sans connaissance de cause, crieront en public contre eux, qui les accableront d'injures, et les damneront hautement de leur autorité privée... »

Ailleurs, Dom Juan imite Tartuffe presque mot à mot en se prévalant du Ciel de façon péremptoire :

▌ *Dom Juan,* Acte V, scène 1.

« **DOM JUAN,** *faisant l'hypocrite.*
Oui, vous me voyez revenu de toutes mes erreurs ; je ne suis plus le même d'hier au soir, et le Ciel tout d'un coup a fait en moi un changement qui va surprendre tout le monde... »

L'œuvre : origines et prolongements

▌ *Dom juan,* Acte V, scène 3.

(Dom Carlos rappelle à Dom Juan l'engagement que celui-ci a pris envers Elvire.)

« **DOM JUAN,** *d'un ton hypocrite.*
Hélas ! je voudrais bien, de tout mon cœur, vous donner la satisfaction que vous souhaitez ; mais le Ciel s'y oppose directement : il a inspiré à mon âme le dessein de changer de vie...
[...]

DOM CARLOS
Croyez-vous, Dom Juan, nous éblouir par ces belles excuses ?

DOM JUAN
J'obéis à la voix du Ciel.
[...]
C'est le Ciel qui le veut ainsi.
[...]
Le Ciel l'ordonne de la sorte.
[...]
Prenez-vous en au Ciel.
[...]
Le Ciel le souhaite comme cela.
[...]
[...] le Ciel m'en défend la pensée... »

Enfin, Tartuffe et Dom Juan partagent le même avis concernant le crédit qu'on doit accorder à pareils arguments :

▌ *Tartuffe,* Acte IV, scène 5, v. 1481-1486.

« **TARTUFFE**
Si ce n'est que le Ciel qu'à mes vœux on oppose,
Lever un tel obstacle est à moi peu de chose,
Et cela ne doit pas retenir votre cœur. »

L'œuvre : origines et prolongements

| *Dom Juan,* acte V, scène 4.

« DOM JUAN

Va, va, le Ciel n'est pas si exact que tu penses ; et si toutes les fois que les hommes...

[...]

Si le Ciel me donne un avis, il faut qu'il parle un peu plus claire-ment, s'il veut que je l'entende. »

LA DIFFÉRENCE essentielle entre ces deux personnages réside dans le fait que Dom Juan utilise l'hypocrisie religieuse pour se débarrasser des importuns. Cela lui permet de parler sur un ton ironique et même cynique, d'où la brièveté et même la sèche-resse de certaines de ses répliques. Il ne cache pas son hypocri-sie, bien au contraire, il s'en vante. Il fait de la provocation pure et simple. En cela, il se montre en effet grand seigneur. Tartuffe, au contraire, s'exprime sur un ton doucereux et lorsqu'il invo-que le Ciel, il s'efforce en général d'argumenter car son but est de s'attacher les gens pour mieux s'approprier leurs biens, leur conscience et, éventuellement, leur personne. Toujours est-il que le parallèle entre les deux comédies prouve que, malgré l'interdiction dont *Tartuffe* a été l'objet, Molière n'a pas renoncé à son sujet et s'est montré moins prudent qu'on le croit quelquefois.

La Bruyère a-t-il corrigé le personnage de Molière ?

DANS *LES CARACTÈRES* (1688), le personnage d'Onuphre (*De la mode,* 24) est en général interprété comme une critique de Tartuffe. Le nom lui-même – *Onuphre* ressemble à *Tartuffe* – ainsi que des allusions à certaines situations de la comédie nous induisent à penser ainsi :

« Il ne dit point : *ma haire et ma discipline,* au contraire ; il passe-rait pour ce qu'il est, pour un hypocrite, et il veut passer pour ce qu'il n'est pas, pour un homme dévot : il est vrai qu'il fait en sorte que l'on croit, sans qu'il le dise, qu'il porte une haire et qu'il se donne la discipline.

[...]

L'œuvre : origines et prolongements

Il choisit deux ou trois jours dans toute l'année, où à propos de rien il jeûne ou fait abstinence ; mais à la fin de l'hiver, il tousse, il a une mauvaise poitrine, il a des vapeurs, il a eu de la fièvre : il se fait prier, presser, quereller pour rompre le carême dès son commencement, et il en vient là par complaisance. »
(Alors que Tartuffe est « gros et gras, le teint frais, et la bouche vermeille. »)
[...]
« S'il se trouve bien d'un homme opulent, à qui il a su imposer, dont il est le parasite, et dont il peut tirer de grands secours, il ne cajole point sa femme, il ne lui fait du moins ni avance ni déclaration ; il s'enfuira, il lui laissera son manteau, s'il n'est aussi sûr d'elle que de lui-même. Il est encore plus éloigné d'employer pour la flatter et pour la séduire le jargon de la dévotion ; ce n'est point par habitude qu'il le parle, mais avec dessein, et selon qu'il lui est utile, et jamais quand il ne servirait qu'à le rendre très ridicule.
[...]
Il ne pense point à profiter de toute sa succession, ni à s'attirer une donation générale de tous ses biens, s'il s'agit surtout de les enlever à un fils, le légitime héritier : un homme dévot n'est ni avare, ni violent, ni injuste, ni même intéressé ; [...] aussi ne se joue-t-il pas à la ligne directe, et il ne s'insinue jamais dans une famille où se trouvent tout à la fois une fille à pourvoir et un fils à établir ; il y a là des droits trop forts et trop inviolables [...]. Il en veut à la ligne collatérale : on l'attaque plus impunément ; il est la terreur des cousins et des cousines, du neveu et de la nièce, le flatteur et l'ami déclaré de tous les oncles qui ont fait fortune... »

En réalité, ce qui est mis en relief ici, c'est la différence entre un portrait ou un récit et le théâtre. Dans un portrait, l'auteur peut présenter un hypocrite parfait, c'est-à-dire non décelable par son entourage car il a toute latitude d'avertir le lecteur. Alors que le théâtre a pour obligation de donner à voir. Comme l'auteur d'une comédie ne peut fournir aucun commentaire personnel en parallèle avec le dialogue, son personnage d'hypocrite doit se signaler comme hypocrite en premier lieu alors qu'un Tartuffe dans la vie réelle s'en garderait soigneusement, ne montrant que l'apparence parfaite d'un dévot.

AINSI TARTUFFE, personnage de théâtre, doit montrer clairement qu'il est un imposteur. Le trait doit être simplifié et grossi. L'hypocrite doit être déguisé suffisamment mal, doit se trahir assez, pour que le spectateur ne se trompe pas sur son identité réelle. C'est pourquoi Tartuffe présente en même temps un habit austère et un visage de goinfre jouisseur.

LE PORTRAIT brossé par La Bruyère est plus proche de ce que serait un véritable imposteur dans la réalité. Il en paraît donc plus vraisemblable. Mais c'est que la notion de vraisemblance varie suivant qu'on est dans un portrait, un récit, ou bien dans une pièce de théâtre. Si Tartuffe ne portait pas en lui un certain nombre de contradictions qui le démasquent aux yeux du public, on ne se rendrait pas compte de ce qu'il est en réalité, pas plus qu'on ne se doute que Trissotin est autre chose qu'un poète grotesque avant l'ultime scène des *Femmes savantes*.

Julien Sorel, un Tartuffe maladroit et sympathique

DANS *LE ROUGE ET LE NOIR* (1830) de Stendhal, Julien Sorel souffre d'un grave complexe social. Il est le fils d'un fabricant de planches alors qu'il évolue dans le monde de l'aristocratie à l'époque de Louis-Philippe. Il admire Napoléon Ier mais il fréquente une société où ce dernier est regardé comme l'Antéchrist. Julien Sorel pense donc que le seul moyen de réussir pour lui est de cultiver l'hypocrisie en déguisant ses véritables opinions, en cachant ses sentiments sous une apparente froideur.

L'ÉPISODE central du roman montre Julien Sorel au séminaire de Besançon, mettant en œuvre sa stratégie, précisément dans un contexte religieux. Il joue donc les « Tartuffe », mais pas toujours avec bonheur, loin de là. Il se montre souvent maladroit.

L'œuvre : origines et prolongements

D'ailleurs, comment pourrait-il être un Tartuffe conforme au modèle alors qu'il est jeune, beau, séduisant, fin et plein de fraîcheur d'esprit, et qu'en plus il a des doutes ? L'abbé Pirard le prévient : « Ta carrière sera pénible. Je vois en toi quelque chose qui offense le vulgaire. » (p. 282, éd. Folio). Tartuffe, lui, n'offense que l'honnête homme. Julien Sorel apparaît donc comme une variation originale sur le personnage de Tartuffe (ou plutôt sur celui d'Onuphre.) Un hypocrite inexpérimenté qui n'évite pas toujours les pièges :
(Julien a imprudemment choisi pour confesseur l'abbé Pirard, mal vu car soupçonné de jansénisme.) « Toutes les premières démarches de notre héros qui se croyait si prudent furent, comme le choix d'un confesseur, des étourderies. Égaré par toute la présomption d'un homme à imagination, il prenait ses intentions pour des faits, et se croyait un hypocrite consommé. Sa folie allait jusqu'à se reprocher ses succès dans cet art de la faiblesse. » (p. 257).
Julien Sorel est un jeune homme trop intelligent et trop indépendant, et cela se voit :
« À la vérité, les actions importantes de sa vie étaient savamment conduites ; mais il ne soignait pas les détails. Aussi, passait-il déjà parmi ses camarades pour un *esprit fort*. Il avait été trahi par une foule de petites actions.
À leurs yeux, il était convaincu de ce vice énorme, *il pensait, il jugeait par lui-même*, au lieu de suivre aveuglément *l'autorité* et l'exemple. » (p. 261).
Un hypocrite chevronné aurait caché cette tare. Tartuffe ne pense qu'au nom du Ciel. S'en référer en toutes circonstances à l'autorité suprême est indispensable s'il veut qu'Orgon, lui non plus, ne pense jamais par lui-même.

JULIEN SOREL apprend vite mais toujours avec un temps de retard, ce qui rend ses efforts inefficaces. D'autres, moins fins que lui, trouvent d'instinct quel comportement adopter :
« Hélas, mon seul mérite consistait dans mes progrès rapides, dans ma façon de saisir ces balivernes. Est-ce qu'au fond ils les

L'œuvre : origines et prolongements

estimeraient à leur vraie valeur ? les jugent-ils comme moi ? Et j'avais la sottise d'en être fier ! Ces premières places que j'obtiens toujours n'ont servi qu'à me donner de mauvaises notes pour les véritables places que l'on obtient à la sortie du séminaire et où l'on gagne de l'argent. Chazel, qui a plus de science que moi, jette toujours dans ses compositions quelque balourdise qui le fait reléguer à la cinquantième place ; s'il obtient la première, c'est par distraction. Ah ! qu'un mot, un seul mot de M. Pirard m'eût été utile !

Du moment que Julien fut détrompé, les longs exercices de piété ascétique, tels que le chapelet cinq fois la semaine, les cantiques au Sacré-Cœur, etc., etc., qui lui semblaient si mortellement ennuyeux, devinrent ses moments d'action les plus intéressants. » (p. 262).

Prendre la physionomie du vrai dévot comme sait si bien le faire l'Onuphre de La Bruyère n'est pas à la portée de tout le monde :

« Après plusieurs mois d'application de tous les instants, Julien avait encore l'air de *penser*. Sa façon de remuer les yeux et de porter la bouche n'annonçait pas la foi implicite et prête à tout croire et à tout soutenir même par le martyre. C'était avec colère que Julien se voyait primé dans ce genre par les paysans les plus grossiers. Il y avait de bonnes raisons pour qu'ils n'eussent pas l'air penseur. » (p. 264).

La gloutonnerie de Tartuffe est en général considérée comme une contradiction du personnage. Attention ! l'exemple de Julien Sorel nous prouve que la sobriété n'est pas obligatoirement bon signe. Trop de vertu peut paraître affectée :

« Les jours de grande fête, on donnait aux séminaristes des saucisses avec de la choucroute. Les voisins de table de Julien avaient observé qu'il était insensible à ce bonheur ; ce fut là un de ses premiers crimes. Ses camarades y virent un trait odieux de la plus sotte hypocrisie, rien ne lui fit plus d'ennemis. Voyez ce bourgeois, voyez ce dédaigneux, disaient-ils, qui fait semblant de mépriser la meilleure *pitance*, des saucisses avec de la choucroute ! fi, le vilain ! l'orgueilleux ! le damné ! » (p. 264).

L'œuvre : origines et prolongements

CELUI QUI VOUDRAIT DEVENIR un véritable hypocrite et un hypocrite efficace devrait consulter Onuphre pour savoir quoi faire et observer Julien Sorel pour voir ce qu'il faut surtout éviter. L'épisode du séminaire de Besançon nous fournit un portrait en creux de l'hypocrite idéal.

Un Tartuffe en plus brutal : le film Ave Maria

EN 1984, un film s'est inspiré très librement du thème de *Tartuffe*, situant l'action à la fin du xxᵉ siècle. Il s'agit de *Ave Maria* de Jacques Richard, avec Anna Karina, Féodor Atkine et Isabelle Pasco.

DANS UN PETIT VILLAGE de la France profonde, règne une secte pseudo-religieuse dirigée par un prêtre défroqué, Adolphe Éloi dit le « Saint Père » et sa compagne, la « Sainte Mère », Berthe Granjeux. La jeune Ursula, dont la famille appartient à la secte, a reçu une éducation morale et religieuse fanatique. À 15 ans, la jeune fille découvre ses premiers émois amoureux en la personne de Paul, à peine plus âgé qu'elle. Le « Saint Père » et la « Sainte Mère » s'attachent alors à culpabiliser l'adolescente qui, perdue et en pleine confusion, peine bientôt à distinguer le bien du mal.

CE FILM s'interroge sur la nécessité qu'éprouve le genre humain à croire en quelqu'un ou en quelque chose, sur la cruauté du choix entre la dévotion à un être suprême et la tentation d'assouvir ses pulsions terrestres. C'est le constat de la crédulité des hommes et la dénonciation des stratégies de manipulation.

L'œuvre
et ses représentations

Des incarnations variées

Le personnage de Tartuffe est riche et, suivant les époques, les metteurs en scène l'ont plus ou moins tiré dans des directions diverses et, dans la mesure où l'on a des témoignages sur les différents interprètes, on s'aperçoit que les incarnations successives du personnage ne correspondent pas toujours au portrait que Dorine fait de lui à l'acte I, « gros et gras, le teint frais et la bouche vermeille ». Ainsi, l'on a coutume de parler du « Tartuffe de Jouvet », du « Tartuffe de Lasalle », ce qui n'empêche pas ces deux mises en scène d'être quand même le *Tartuffe* de Molière. Jean Vilar rapporte (*De la tradition théâtrale*) : « À un critique qui lui reprochait de ne pas avoir respecté les intentions de Molière, Jouvet répondit : "Tu lui as téléphoné ?" Hélas, Poquelin oo-oo ne répond pas. » Cette attitude a parfois donné lieu à des interprétations paradoxales.

Au xviie siècle

▌ Tartuffe : « un gueux », « gros et gras »

On possède peu de renseignements sur la mise en scène de Molière, mais on sait que c'était l'acteur Du Croisy qui tenait le rôle de Tartuffe tandis que Molière jouait Orgon. C'est la preuve que, pour Molière, Orgon était le personnage comique puisqu'il affectionnait ce type de rôle. Quant à Du Croisy, acteur dont l'embonpoint l'empêchait de jouer les amoureux, il était spécialisé dans les rôles de père ou de valet. Il paraît donc conforme à ce que l'on apprend de Tartuffe au début de la pièce : « un gueux », « gros et gras ».

Au xviiie siècle

▌ Un Tartuffe tantôt grotesque tantôt séduisant

Deux tendances : ou bien Tartuffe était joué sur le mode comique grotesque ou bien, au contraire, on faisait de lui un homme galant, élégant, distingué, capable de faire hésiter une femme moins honnête qu'Elmire.

L'œuvre et ses représentations

Au XIXe siècle

De la farce au drame

On tend à représenter Tartuffe comme une sorte de traître de mélodrame. En 1822, Stendhal observe que le public n'a « ri franchement qu'en deux endroits » (à l'acte II).

Jusqu'en 1848, applaudir *Tartuffe* passait pour une manifestation politique de libéralisme. À cette époque apparaissent les premières interprétations paradoxales. L'acteur Coquelin aîné, dans un opuscule qu'il a consacré à la pièce, affirme : « Tartuffe est le personnage comique de la pièce, le ridicule, la dupe. » Cette conception du personnage semble bien surprenante mais Coquelin se justifie : « Oui, il est dupe ; et savez-vous pourquoi ? Parce qu'il est sincère ; parce que ce type éternel de l'hypocrisie n'est pas un hypocrite. (...) Il doit faire rire, j'en suis convaincu, rire de lui. (...) Il n'est point sans vices et il ne craint pas de donner carrière à ceux qu'il a, car il a Dieu dans sa manche. (...) Sa conscience a subi une déviation particulière et ce grand dupeur est sa première dupe. » Il nous manque de pouvoir assister à la représentation pour nous rendre compte pleinement des intentions de l'interprète.

Au XXe siècle

L'interprétation « luciférienne » de Louis Jouvet (1951)

Siècle par excellence des interprétations hasardeuses, voire paradoxales. On parle d'ailleurs plus volontiers de « lectures ». *Tartuffe* a été soumis à toutes les modes, parfois au mépris des indications pourtant claires que fournit le texte. Quelquefois, les metteurs en scène n'ont pas hésité à prendre le contre-pied de la tradition.

Les interprètes n'ont pas toujours été « gros et gras », comme en témoignent les photos de Louis Jouvet en 1951.

Paul Léautaud, dans son *Théâtre de Maurice Boissard*, chronique parue dans le *Mercure de France* du 1er février 1939, rend compte d'une mise en scène donnée par la Compagnie de Paris. Celle-ci insiste particulièrement sur un Tartuffe qui aime les femmes, lascif, franchement lubrique. « M. Jean Marchat a fort bien joué cette scène, et encore mieux la suivante – que j'ai toujours vu jouer jusqu'ici d'une façon si conventionnelle. Il a donné toute sa chaleur au personnage, quand, si bien dupé par les adroits propos d'Elmire, il ne doute plus que la victoire et la possession sont là à deux minutes, lui caressant les épaules, portant presque la main à ses seins, se collant déjà à elle, comme un homme qui ne peut plus attendre, et lui envoyant des baisers en allant voir, sur sa prière, si personne ne peut les surprendre. Cela a ressemblé, un moment, à une de ces gravures qu'on voit à des ouvrages libertins, où un jeune abbé serre de près, avec des propos appropriés, une jolie dame à la gorge et aux bras nus, qui se dispose à lui rendre plaisir pour plaisir. »

En 1951, Louis Jouvet, présente un Tartuffe quelque peu luciférien. Jacques Scherer, dans *Structures de Tartuffe*, résume ainsi ce point de vue : « Sans être vraiment hypocrite, gardant une communication réelle avec Dieu, le Tartuffe de Jouvet lutte contre ses démons, et essaie de se tirer le moins mal possible de sa situation. S'il est amoureux, il s'exprime en dévot parce que c'est le seul langage qu'il connaisse. C'est un homme intéressant, presque sympathique, que présentait Jouvet ; un homme douloureux, déçu, amer, qui ne voit pas clair en lui-même, mélancolique, noble, presque attirant. Au reste, Jouvet, d'après ses familiers, ne se défendait pas d'une certaine sympathie pour le personnage de Tartuffe. »

Lectures politiques de la pièce : les mises en scène de Roger Planchon (1973) et d'Ariane Mnouchkine (1995)

En 1973, Roger Planchon a fait des choix qui vont plus loin encore. Il voit en Tartuffe un homme jeune et séduisant. Il montre la famille d'Orgon dans le détail de sa vie quotidienne : on déjeune sur scène, Dorine étend le linge. À l'acte III, le décor présente une maison en travaux de manière à suggérer qu'on vit une période de changement, changement qui se produira brutalement dans la dernière scène de l'acte V. Roger Planchon prétend faire une lecture politique de la pièce : le changement profond étant en réalité l'accession de Louis XIV au pouvoir absolu.

En 1995, Ariane Mnouchkine proposera une nouvelle lecture politique en rapport direct avec l'actualité, un peu lourde peut-être. Les femmes sont voilées (mais qu'en est-il du sein de Dorine ?) et des fanatiques barbus suivent partout Tartuffe. Plus que sur l'oppression politique, cette mise en scène insiste sur la manipulation des esprits par le fanatisme et le sectarisme.

En 1978, Antoine Vitez au festival d'Avignon tente de retrouver le théâtre forain qui avait nourri Molière. Un décor simplifié sert aussi pour *L'École des femmes*, *Dom Juan* et *Le Misanthrope*. Les accessoires sont réduits au strict minimum.

La vision tragique de Jacques Lasalle (1984)

En 1984, Jacques Lasalle, au Théâtre national de Strasbourg, dans un décor particulièrement austère, tire la pièce vers le roman noir, avec Gérard Depardieu dans le rôle-titre. Tous les effets comiques sont masqués ou supprimés (sans toutefois toucher au texte.) Le ton est grave, voire tragique ; on baigne dans une atmosphère de catastrophe imminente.

On le voit, cette comédie a subi toutes les modes et parfois les lubies des metteurs en scène sans jamais cesser d'être à l'affiche. Cela prouve que malgré les exagérations, voire les trahisons, sa richesse est capable d'incarner les préoccupations des diverses époques auxquelles on l'a jouée.

Louis Jouvet et Monique Mélinand. Mise en scène de Louis Jouvet,
Théâtre de l'Athénée, janvier 1950.

Jacques Debary (Orgon) et Roger Planchon (Tartuffe).
Mise en scène de Roger Planchon,
Théâtre de la Porte Saint-Martin, 1977.

Le Tartuffe mis en scène par Antoine Vitez,
festival d'Avignon, 1978.

Shahrokh Meshkin Galam (Tartuffe).
Mise en scène d'Ariane Mnouchkine, Théâtre du Soleil, 1995.

L'œuvre à l'examen

Objet d'étude : le théâtre,
texte et représentation.

À l' *écrit*

**Corpus bac : l'exposition au théâtre,
formes et fonctions.**

TEXTE 1

Tartuffe, Molière. Acte I, scène 1.

TEXTE 2

Lorenzaccio (1834), Alfred de Musset. Acte I,
scène 1.

*Un jardin. – Clair de lune. Un pavillon dans le fond, un autre sur le
devant.*
Entrent Le Duc, Lorenzo, *couverts de leurs manteaux ;* Giomo,
une lanterne à la main.

LE DUC. Qu'elle me fasse attendre encore un quart d'heure, et
je m'en vais. Il fait un froid de tous les diables.

LORENZO. Patience, Altesse, patience.

LE DUC. Elle devait sortir de chez sa mère à minuit ; il est
minuit, et elle ne vient pourtant pas.

LORENZO. Si elle ne vient pas, dites que je suis un sot, et que la
vieille mère est une honnête femme.

LE DUC. Entrailles du pape ! avec tout cela je suis volé d'un mil-
lier de ducats.

LORENZO. Nous n'avons avancé que moitié. Je réponds de la
petite. Deux grands yeux languissants, cela ne trompe pas.
Quoi de plus curieux pour le connaisseur que la débauche à la
mamelle ? Voir dans une enfant de quinze ans la rouée à venir ;

étudier, ensemencer, infiltrer paternellement le filon mystérieux du vice dans un conseil d'ami, dans une caresse au menton ; – tout dire et ne rien dire, selon le caractère des parents ; – habituer doucement l'imagination qui se développe à donner des corps à ses fantômes, à toucher ce qui l'effraie, à mépriser ce qui la protège ! Cela va plus vite qu'on ne pense ; le vrai mérite est de frapper juste. Et quel trésor que celle-ci ! Tout ce qui peut faire passer une nuit délicieuse à votre altesse ! Tant de pudeur ! Une jeune chatte qui veut bien des confitures, mais qui ne veut pas se salir la patte. Proprette comme une flamande ! La médiocrité bourgeoise en personne. D'ailleurs, fille de bonnes gens, à qui leur peu de fortune n'a pas permis une éducation solide ; point de fond dans les principes, rien qu'un léger vernis ; mais quel flot violent d'un fleuve magnifique sous cette couche de glace fragile qui craque à chaque pas ! Jamais arbuste en fleur n'a promis de fruits plus rares, jamais je n'ai humé dans une atmosphère enfantine plus exquise odeur de courtisanerie.

Le Duc. Sacrebleu ! Je ne vois pas le signal. Il faut pourtant que j'aille au bal chez Nasi ! c'est aujourd'hui qu'il marie sa fille.

TEXTE 3

Combat de nègre et de chiens, Bernard-Marie Koltès (éd. de Minuit, 1989)

Derrière les bougainvillées, au crépuscule.

Horn. J'avais bien vu, de loin, quelqu'un derrière l'arbre.

Alboury. Je suis Alboury, monsieur ; je viens chercher le corps ; sa mère était partie sur le chantier poser des branches sur le corps, monsieur, et rien, elle n'a rien trouvé ; et sa mère tournera toute la nuit dans le village, à pousser des cris si on ne lui donne pas le corps. Une terrible nuit, monsieur, personne ne pourra dormir à cause des cris de la vieille ; c'est pour cela que je suis là.

HORN. C'est la police, monsieur, ou le village qui vous envoie ?

ALBOURY. Je suis Alboury, venu chercher le corps de mon frère, monsieur.

HORN. Une terrible affaire, oui, une malheureuse chute, un malheureux camion qui roulait à toute allure ; le conducteur sera puni. Les ouvriers sont imprudents malgré les consignes strictes qui leur sont données. Demain, vous aurez le corps ; on a dû l'emmener à l'infirmerie, l'arranger un peu, pour une présentation plus correcte à la famille. Faites part de mon regret à la famille. Je vous fais part de mes regrets. Quelle malheureuse histoire !

ALBOURY. Malheureuse oui, malheureuse non. S'il n'avait pas été ouvrier, monsieur, la famille aurait enterré la calebasse dans la terre et dit : une bouche de moins à nourrir. C'est quand même une bouche de moins à nourrir, puisque le chantier va fermer et que, dans peu de temps, il n'aurait plus été ouvrier, monsieur ; donc ç'aurait été bientôt une bouche de plus à nourrir, donc c'est un malheur pour peu de temps, monsieur.

HORN. Vous, je ne vous avais jamais vu par ici. Venez boire un whisky, ne restez pas derrière cet arbre, je vous vois à peine. Venez vous asseoir à la table, monsieur. Ici, au chantier, nous entretenons d'excellents rapports avec la police et les autorités locales ; je m'en félicite.

ALBOURY. Depuis que le chantier a commencé, le village parle beaucoup de vous. Alors j'ai dit : voilà l'occasion de voir le Blanc de près. J'ai encore, monsieur, beaucoup de choses à apprendre et j'ai dit à mon âme : cours jusqu'à mes oreilles et écoute, cours jusqu'à mes yeux et ne perds rien de ce que tu verras.

L'œuvre à l'examen

TEXTE 4

> *Dissident, il va sans dire*, Michel Vinaver
> (L'Arche, 1978)

HÉLÈNE. Elles sont dans la poche de mon manteau.

PHILIPPE. Non ni sur le meuble.

HÉLÈNE. Tu es gentil.

PHILIPPE. Parce que tu l'as laissée en double file ?

HÉLÈNE. Alors je les ai peut-être oubliées sur la voiture.

PHILIPPE. Un jour on va te la voler.

HÉLÈNE. Tu ne t'es pas présenté ?

PHILIPPE. Mais si.

HÉLÈNE. Je n'ai pas eu le courage j'ai tourné je ne sais combien de fois autour du bloc d'immeubles ça devient de plus en plus difficile.

PHILIPPE. Je vais aller te la garer.

HÉLÈNE. Encore un an et tu pourras passer ton permis.

PHILIPPE. Oui.

HÉLÈNE. C'est un nouveau chandail ?

PHILIPPE. Oui.

HÉLÈNE. Je me demande d'où vient l'argent.

L'œuvre à l'examen

a. Question préliminaire (sur 4 points)

Ces quatre scènes d'exposition ont une fonction informative. Vous montrerez comment elles font passer les informations essentielles (sur le genre et la tonalité de la pièce, l'époque et le lieu, les personnages et l'action), sans jamais avoir l'air de s'adresser au spectateur par-dessus la tête des personnages.

b. Travaux d'écriture au choix (sur 16 points)

Sujet 1. Commentaire.

Commentez la scène 1 de l'acte I de *Tartuffe* (v. 13 à 40).

Sujet 2. Dissertation.

Un auteur dramatique écrit : « Les créatures de théâtre comme celles de la vie, doivent garder une part d'ambiguïté et d'indétermination. Elles ne doivent pas se livrer tout entières. Elles doivent rester pour nous des sujets d'interrogation. »
En vous fondant sur les quatre textes proposés et sur d'autres textes que vous connaissez, vous vous demanderez si cette part de mystère est toujours nécessaire et dans tous les moments de la pièce également.

Sujet 3. Écriture d'invention.

Rédigez sous forme de scène d'exposition, dans un dialogue entre deux personnages ou plus, le début d'une pièce policière, qui aurait pour sujet la disparition mystérieuse de Tartuffe. Le dévot étant installé dans la famille, fiancé à Mariane, plus ou moins toléré par les membres de la famille, votre exposition devra présenter cette situation insolite, Tartuffe, qui avait réussi dans toutes ses entreprises, est parti (ou alors on l'a fait partir, ou pire... à vous de suggérer des pistes).

Documentation et compléments d'analyse sur :
www.petitsclassiqueslarousse.com

L'œuvre à l'examen

À l' **oral** **Objet d'étude :** comique et comédie.

Acte II, scènes 1, 2, et 3.
Sujet : lecture analytique de ces scènes de malentendu sentimental.

I. Situation du passage

À la fin de l'acte I, Cléante aborde la question du mariage de Mariane, fiancée à Valère. Il découvre alors qu'Orgon a changé d'avis mais il ne sait pas encore quel nouveau projet son beau-frère a en tête. Une seule chose est certaine : le bonheur de Mariane est compromis (v. 426-427) : « Pour son amour je crains une disgrâce,/Et je dois l'avertir de tout ce qui se passe. » Les trois scènes que nous proposons à l'étude montrent les réactions des personnages intéressés à cette nouvelle situation. Elles ne font pas avancer l'histoire puisque les personnages n'agissent pas. Ils ne font que commenter. Même Dorine n'y est énergique qu'en paroles. Personne ne remet en cause l'autorité d'Orgon comme chef de famille. Mais ces trois scènes

L'œuvre à l'examen

permettent d'approfondir le portrait de Tartuffe avant qu'il n'apparaisse à l'acte suivant. Cela fait qu'on se le représente plus précisément en tant qu'homme. Mais attention ! on ne trouve pas là un portrait de Tartuffe tel qu'il est (ce portrait, on l'a eu au premier acte,) mais tel que les autres personnages l'imaginent en fonction de ce qu'ils savent.

II. Projet de lecture

Un portrait de Tartuffe en mari

a. Tartuffe vu par Orgon : un mari idéal. Il s'agit d'un mariage non pas d'inclination mais arrangé par le père dans le seul but de satisfaire son idée fixe à lui. L'opinion de Mariane ne pèse d'aucun poids dans la décision. On a là la même situation que dans *Le Malade imaginaire*, par exemple. Malgré son autoritarisme extrême, Orgon se sent tout de même tenu de brosser de Tartuffe un portrait présentable, voire alléchant.

Qu'attend-on d'un mari dans une maison honnête au temps de Molière ? Qu'il soit de bonne moralité, attentif à son épouse, qu'il ait du bien. Si par-dessus le marché il est noble, il n'en paraîtra que plus attirant. Qu'à cela ne tienne : aux dires d'Orgon, Tartuffe présente justement toutes ces qualités :

– Tartuffe serait gentilhomme (v. 494).

– Il a autrefois possédé des biens qu'il a perdus. Pour quelle raison ? Par désintérêt des choses temporelles. Orgon se propose de lui donner les moyens « de sortir d'embarras et rentrer dans ses biens » (v. 491-93). Comment ? La dot de Mariane, sans doute, bien que le mot ne soit jamais prononcé.

– Sa pauvreté actuelle, loin d'être une tare, est au contraire, prétend Orgon, la conséquence, et donc la preuve, de l'excellence de son âme.

– Il sera « tout confit en douceurs et plaisirs ». Orgon sait de quoi il parle car c'est l'attitude qu'affecte Tartuffe envers lui.

– Surtout, il a le Ciel de son côté, ce qui serait en soi une raison suffisante pour l'épouser : « Enfin avec le Ciel l'autre est le mieux du monde / Et c'est une richesse à nulle autre pareille. »

L'œuvre à l'examen

b. Tartuffe vu par Dorine s'adressant à Orgon : un futur cocu. Pour Dorine, ce mariage est pure bagatelle (v. 462) :

– Tartuffe n'est qu'un gueux (v. 482-484).

– Il est accablé d'un physique peu attirant : « Oui, c'est un beau museau. » (v. 560).

– C'est un bigot, c'est-à-dire une personne à la dévotion outrée (« punaise de sacristie », « grenouille de bénitier »).

– Il est hypocrite. Dorine à propos de Valère évoque la conduite de Tartuffe à l'église (v. 526-527).

– C'est un ambitieux (v. 500).

– En conséquence, c'est à coup sûr un futur cocu (v. 513-514) : « Il est bien difficile enfin d'être fidèle/À de certains maris faits d'un certain modèle. »

Au bout du compte, ce qui guette Mariane, c'est le péché dont Orgon devrait avoir horreur. On retrouve donc le thème cher à l'Arnolphe de *l'École des femmes* : le cocu, « ceux dont partout on montre au doigt le front. » (v. 511).

c. Tartuffe vu par Dorine s'adressant à Mariane : un mari provincial. Si Mariane épouse Tartuffe, elle sera obligée de suivre son mari en province :

– Tartuffe n'est pas « un homme qui se mouche du pied », c'est-à-dire qu'il ne se prend pas pour le premier venu.

– Il se prétend noble : « chez lui », précise Dorine. Autant dire qu'on ne peut vérifier.

– Il a « l'oreille rouge et le teint bien fleuri », c'est-à-dire qu'il a de vives couleurs, à une époque où les hommes à la mode se poudrent le visage pour être blancs. Le hâle de la peau signifie qu'on travaille au dehors, ce qui n'est pas du bon ton.

– Étant notable seulement « chez lui », il faudra donc quitter Paris. Or à l'époque de Molière, la province est regardée comme un « désert » (on n'y trouve pas la belle société).

– Malheureusement, Tartuffe ne possède pas de carrosse. (Voir l'importance de ce véhicule dans l'épigramme de Trissotin, dans *Les Femmes savantes*.) Il se déplace en coche, le moyen de transport le plus populaire et le plus inconfortable. (Voir La Fontaine.)

L'œuvre à l'examen

– Dans sa petite ville, il est entouré d'une nombreuse famille dont on peut craindre qu'elle ne lui ressemble.
– Mariane, devenue Mme Tartuffe, devra endurer les airs supérieurs des dames du cru.
– Pour toute distraction, elle n'aura que des fêtes de village. Deux musettes (cornemuses) par opposition à la grand'bande, c'est-à-dire l'orchestre du roi qui comprenait vingt-quatre violons.

III. Composition du passage

1. Coup de théâtre : le père annonce à sa fille qu'elle va épouser Tartuffe alors qu'elle était jusqu'alors promise à Valère (III, 1).
2. Dorine dit ses quatre vérités à Orgon (II, 2).
3. Dorine s'efforce de stimuler Mariane pour qu'elle sorte de sa passivité (II, 3).

IV. Analyse du passage

1. Orgon se révèle (scènes 1 et 2)

On insistera sur la nature et le style des arguments d'Orgon. Bien que celui-ci soit autoritaire à l'extrême et décide en maître absolu, ses désirs sont tellement saugrenus qu'il ne peut se dispenser d'argumenter.

D'abord (scène 1), il ne présente pas son projet de mariage directement mais il tend un piège à sa fille. Il aborde la question de biais, sous l'angle de l'obéissance qu'une fille doit à son père. Il s'exprime de telle manière que Mariane ne peut que l'approuver (v. 437). Cependant, elle regimbe (v. 449) : « Il n'en est rien, mon père, je vous jure. » Elle n'en dit guère plus mais le piège n'a pas pleinement réussi.

Ensuite, comme faire un portrait flatteur de Tartuffe relève de la gageure, Orgon ne s'embarrasse pas de nuances. Il s'appuie sur des affirmations gratuites, ne reposant sur aucune preuve (v. 494) : « Et tel que l'on le voit, il est bien gentilhomme. » La force de tels arguments ne tient que dans le ton péremptoire sur lequel ils sont avancés. Il utilise une rhétorique enthousiaste jusqu'au grotesque (v 533-534) : « Ensemble vous vivrez, dans des ardeurs fidèles, / Comme deux vrais enfants, comme deux tourterelles. »

Ces mots sont dictés par la folie d'Orgon mais voudrait-il se moquer de sa fille avec la plus grande cruauté qu'il ne trouverait pas de mots plus blessants : il est prêt à s'aveugler de n'importe quelle illusion pourvu qu'on se plie à sa volonté.

2. Dorine face à Orgon (scène 2)

Dorine est le porte-parole du bon sens populaire, elle a son franc-parler. « Un peu forte en gueule », dit Mme Pernelle de Dorine à l'acte I.

Elle n'hésite pas à parler de certaines réalités bien opposées à la dévotion, les cocus et les cornes par exemple, et cela devant Mariane qui ne dit rien mais qui est bien présente dans cette scène. C'est sa force : elle ne se laisse pas intimider par le maître de maison malgré l'ordre qu'il lui donne de se taire. Elle n'hésite pas à lui couper la parole. Elle n'oublie aucun aspect du personnage de Tartuffe. Dans cette scène, elle n'est pas franchement comique : elle exprime en termes réalistes et populaires les mêmes idées que celles de Cléante. C'est aussi sa faiblesse : dire ses quatre vérités à une personne colérique est le meilleur moyen de la buter, ce qui ne manque pas de se produire avec Orgon (v.545) : « Je ne veux pas qu'on m'aime. » Et la discussion finit par une gifle qui manque son but (v. 571).

Dorine est donc lucide ; elle a la parole facile, claire, précise, mais ce ne sont, tout compte fait, que des mots. Elle n'obtient rien d'Orgon, pas plus que Cléante, pas plus que Damis.

3. Dorine face à Mariane (scène 3)

Elle adopte un ton différent : l'antiphrase. C'est une manière de s'exprimer qui dit le contraire de ce qu'elle veut faire comprendre. C'est une forme spectaculaire de l'ironie, particulièrement cinglante. Ainsi, elle affiche une fausse admiration outrée pour ce que sera la vie de Mariane une fois qu'elle aura épousé Tartuffe. Le résultat est un tableau particulièrement désespérant de l'avenir. Le procédé n'est pas moins insolent que le franc-parler dont elle a usé avec Orgon mais son intention n'est pas de blesser. Au contraire. Elle veut encourager, réveiller Mariane trop timide, trop respectueuse, et pour tout dire terrorisée par son père.

4. La résignation de Mariane (scènes 1, 2 et 3)

Elle ne tombe pas à pieds joints dans le piège que lui tend son père mais elle réagit faiblement. « Eh ? », « Plaît-il ? » : voilà qui ne témoigne pas d'un grand sens de la repartie.

Il faut souligner le fait que, dans la scène 2, elle est présente mais ne dit pas un mot, même quand, dans la dernière réplique, son père s'adresse à elle.

Dans la scène 3, elle montre son dégoût pour Tartuffe mais tout autant, ce qui est plus grave, l'impossibilité dans laquelle elle se sent de répliquer à son père. Ce qui fait qu'elle réagira à contre-temps devant Valère et créera entre eux un malentendu que Dorine devra apaiser.

V. Conclusion

Mariane est la sœur de l'Angélique du *Malade imaginaire*. La pièce la montre incapable de se défendre seule. Elle n'agit pas ; la question du mariage projeté ne devient pas le nœud de l'intrigue, mais reste simplement une péripétie qui broie au passage une innocente. La pièce est centrée sur l'irrésistible ascension de Tartuffe.

AUTRES SUJETS TYPES

• **Les mariages forcés et l'autorité paternelle.** Comparez avec d'autres comédies de Molière : *Le Malade imaginaire*, *Les Femmes savantes* (où il s'agit plutôt de l'autorité maternelle), *L'École des femmes* (l'autorité du tuteur, qui est aussi le futur époux).

• **Le comique grinçant :** ces trois scènes sont à la fois comiques (étudiez les procédés) et dramatiques (un père sacrifie sa fille au nom du Ciel et on ne voit pas comment l'en dissuader).

• **Le thème du mari trompé chez Molière :** *L'École des femmes*, *Sganarelle ou le Cocu imaginaire*, *George Dandin ou le Mari confondu*.

 Documentation et compléments d'analyse sur : **www.petitsclassiqueslarousse.com**

Outils de lecture

Acte
Les actes sont des unités d'action et des moments continus, séparés par les entractes qui ménagent des coupures dans la durée.

Aparté
Propos qu'un personnage de théâtre prononce pour lui-même, ou pour un interlocuteur ciblé, et qui est censé ne pas être entendu par les autres acteurs présents sur scène.

Bienséance
Règle classique par laquelle l'auteur ne doit pas choquer la sensibilité (ni violence, ni trivialité sur scène).

Casuistique
Partie de la morale qui traite des cas de conscience.

Coup de théâtre
Renversement brutal de situation.

Dénouement
Partie de la pièce (vers la fin) qui comprend l'élimination du dernier obstacle.

***Deus ex machina* (« dieu sortant de la machine »)**
Personnage extérieur à l'intrigue qui intervient au dernier moment pour dénouer une action apparemment inextricable.

Didascalie
Indication scénique.

Éponyme
Se dit d'un personnage qui donne son nom au titre de l'œuvre : Tartuffe est le héros éponyme de la pièce.

Exposition
Premier moment d'une pièce de théâtre, donnant les informations sur la situation et préparant la suite de l'action.

Farce
Courte pièce populaire très simple où dominent les jeux de scène.

Honnêteté
Idéal social du XVIIe siècle. L'honnête homme est un homme de bonne compagnie, distingué par les manières et l'esprit.

Intrigue
Trame qui assure la cohérence de la pièce. C'est la combinaison des circonstances et des incidents qui forment le nœud de l'action jusqu'à son dénouement. C'est ce qui fait que la pièce n'est pas une simple succession de tableaux mais forme une histoire.

Ironie
Paroles qu'il faut entendre dans un autre sens : le locuteur n'adhère pas à ce qu'il dit et le fait savoir discrètement par des signaux ironiques (intonation, figures excessives, etc.).

Jeu de scène
Très court scénario gestuel (déplacement, mimique, rire) qui vise à produire un effet.

Lyrisme
Expression poétique des sentiments personnels au détriment de la narration (étymologiquement « poésie chantée avec accompagnement de la lyre »).

Outils de lecture

Métaphore
Comparaison sans terme introducteur, la métaphore remplace un terme par un autre qui lui est lié par un rapport de ressemblance.

Péripétie
Changement d'action par un retournement fort de situation (rebondissement).

Personnage
Persona, en latin, désigne un masque de théâtre à travers lequel l'acteur fait entendre sa voix. Le personnage, qui ne se confond pas avec l'acteur, désigne d'abord un type, un rôle qu'on peut attribuer à un masque. C'est une créature virtuelle.

Réplique
Au sens large, on appelle réplique une unité de parole dans le dialogue. Au sens étroit, la réplique désigne la phrase qui sert de signal à un acteur pour entrer en scène ou pour répondre au texte de son partenaire.

Restriction mentale
Acte par lequel on ôte à ses paroles ou à ses actes, quelle que soit leur valeur morale, toute mauvaise intention.

Scène
Partie d'un acte délimitée par les entrées et sorties des personnages.

Stichomythie
Dialogue rapide où les répliques sont de longueur égale.

Tirade
Réplique longue qui a une unité en soi.

Type
Personnage caractérisé par les mêmes traits psychologiques et physiques dans les différentes pièces où il apparaît.

Unité d'action
Règle classique selon laquelle une pièce ne doit comporter qu'une action principale pour éviter la dispersion de l'intérêt dramatique.

Unité de lieu
Règle classique qui préconise que l'action ne se déplace pas d'un lieu à un autre. Elle recommande un décor neutre (place publique, antichambre) propice aux rencontres.

Unité de temps
Règle classique qui voudrait faire coïncider le temps de la représentation avec la durée de l'action. Elle préconise de limiter la durée de l'action dramatique à 24 heures.

Vraisemblance
Règle classique qui recommande qu'une fiction soit conforme à l'opinion du public. La vraisemblance n'est pas fondée sur la vérité historique, mais sur le respect des codes sociaux et des valeurs de l'époque.

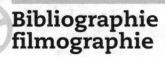

Bibliographie filmographie

Édition

• Molière, *Œuvres complètes*, éd. R. Joanny, Bordas, coll. « Classiques Garnier », 1962, tome 1.

• Molière, *Œuvres complètes*, éd. G. Couton, Gallimard, coll. « La Pléiade », 1983, tome 1.

Sur Molière

• Bray René, *Molière homme de théâtre*, Mercure de France, 1954, rééd. 1963.

• Forestier Georges, *Molière*, Bordas, coll. « En toutes lettres », 1990.

Ouvrages généraux sur le théâtre

• Conesa Gabriel, *La Comédie de l'âge classique, 1630-1715*, Le Seuil, 1995.

• Larthomas Pierre, *Le Langage dramatique, sa nature, ses procédés*, Colin, 1972, rééd. PUF, Paris, 1980.

• Rullier-Theuret Françoise, *Le Texte de théâtre*, Hachette, coll. « Ancrages », 2003.

• Scherer Jacques, *La Dramaturgie classique en France*, Paris, Nizet, 1re éd. 1950, rééd. 1977.

• Ubersfeld Anne, *Lire le théâtre, II : L'école du spectateur, III : Le dialogue de théâtre*, Belin, Paris, 1996.

Ouvrages généraux sur le xviie siècle

• Bénichou Paul, *Morales du grand siècle*, Gallimard 1948, rééd. coll. « Folio essais », 1988.

Bibliographie • filmographie

Sur *Tartuffe*

• Albanese Ralph, *Le Dynamisme de la peur chez Molière*, University of Mississipi, 1976.

• Ferreyrolles Gérard, *Tartuffe*, PUF, coll. « Études littéraires », 1987.

• Guicharnaud Jacques, *Molière, une aventure théâtrale*, Gallimard, coll. « Bibliothèque des idées », 1963, 2ᵉ éd. 1984.

• Pommier René, *Études sur Tartuffe*, SEDES, 1991.

• Scherer Jacques, *Structures de Tartuffe*, SEDES, 1966.

Mises en scène de *Tartuffe* à l'écran

• Trois *Tartuffe* muets : de Piero Fosco (1908), de Albert Capellani (1910) et de Friedrich Murnau (1925).

• *Tartuffe* à la Comédie-Française, 1968 (mise en scène de J. Charon, avec R. Hirsch dans le rôle de Tartuffe).

• *Tartuffe* au Théâtre national de Strasbourg, 1984 (mise en scène de J. Lasalle, avec G. Depardieu dans le rôle de Tartuffe).

Direction de la collection : Yves GARNIER

Dicrection éditoriale : Line KAROUBI,
avec le concours de Romain LANCREY-JAVAL

Édition : Patricia MAIRE, avec la collaboration de Marie-Hélène Christensen

Lecture-correction : service Lecture-correction Larousse

Recherche iconographique : Valérie PERRIN, Laure BACCHETTA

Direction artistique : Uli MEINDL

Couverture et maquette intérieure : Serge CORTESI

Responsable de fabrication : Marlène DELBEKEN

Crédits photographiques

1re de couv	Gérard Giroudon dans la mise en scène de M. Bozonnet à la Comédie Française, 2005. Ph. © R. Gaillarde/Gamma
7	Ph. Olivier Ploton © Archives Larousse
11	Ph. Olivier Ploton © Archives Larousse
19	Ph. Coll. Archives Larbor
20	Ph. Coll. Archives Larbor
58	Paris, bibliothèque de l'Arsenal-Ph. A.B. © Archives Larbor
90	Ph. © Archives Larbor
189	Ph. © Lipnitzki/Roger-Viollet
190	Ph. © Coqueux/Specto
191	Ph. © Bernand-Enguerand
192	Ph. © Martine Franck/Magnum

Photocomposition : CGI
Impression bookmatic : MAURY EUROLIVES – N° d'impression : 122566
Dépoôt légal : Août 2006 – N° de projet : 11003166 – Août 2006
Imprimé en France